激動、昭和史の墓

合田一道

寿郎社

はじめに

令和六年（二〇二四年）は、昭和に当てはめると〝昭和九九年〟になる。

昭和天皇が亡くなった時、いつか「昭和史の墓」というタイトルで本を書こうと決めた。したがって、もう三〇年以上前に立てた企画ということになる。ひと言で〝昭和史〟といっても、昭和の時代は昭和元年（一九二六年）から昭和六四年（一九八九年）まで六三年間ある。その途上には、昭和一二年（一九三七年）から始まった日中戦争があり、昭和一六年（一九四一年）の日本軍による真珠湾攻撃に端を発する太平洋戦争がある。そして昭和二〇年（一九四五年）の敗戦――。そこから昭和の長い〝戦後〟が始まる。平成の三〇年（一九八九〜二〇一九年）を経て、現代の令和となるが、二〇二五年を〝昭和一〇〇年〟とすれば、近現代をまたぐその〝一世紀〟の意味を考えざるを得ない。私はそれを〝墓〟から問うていこうと思った。これまで歴史上の人物をテーマに本を書くたび、その人物の墓に詣でてきたが、今回もできる限り墓前に立った。

本書は昭和ひと桁生まれの筆者による昭和期に亡くなった人たちの〝墓碑巡礼〟の記録である。取り上げる人物は、選定基準が難しかったが、昭和期に大きな足跡を残したと筆者が考える人、とした。

書き終えたいま、さまざまな思いが甦る。この本は、昭和を生きた人々の墓からのメッセージであると同時に、今日まで生きてきた九〇年に及ぶ人生のうちの半分以上を昭和で過ごした筆者の記録でもある。

激動、昭和史の墓・目次

凡例

●本文および引用文中の縮小サイズの（　）内は筆者による補足、引用文中の等倍サイズの（　）内は原文ママの表記である。

●原文からの引用が長い場合は、引用文の前後を一行あけて本文より三字分下げ、頭に罫線を引いた。

●慰霊碑、乗物、結社、屋号などの名称は〈　〉、彫刻の作品名は《　》で表した。

●戒名・法名が不明もしくは仏教以外の場合は、代わりに諡号を記載するか「――」とした。

●便宜上年齢の表記は昭和二五年（一九五〇年）を境に、それより前を数え年、それ以降を満年齢とした。

●歴史的仮名遣い／旧字体は引用文や人名の一部、地名や戒名などを除いて現代仮名遣い／新字体に改めた。

●本文中に付した写真・肖像画は当時の新聞・刊行物から複写した。

激動、昭和史の墓

第1墓　鬼熊事件——〝鬼熊〟と恐れられた男が三人殺害

岩淵熊次郎［荷馬車輓き］
命日　大正一五年（一九二六年）九月三〇日　三五歳
戒名　転心院開悟信士
墓所　出沼墓地　千葉県香取郡多古町出沼
　　　JR総武本線「八日市場」駅から車で一五分

年号が大正から昭和に変わる年に「鬼熊事件」は起こった。恋に狂った男による連続殺人事件である。この年は一二月二五日で大正が終わり、昭和に変わる年なので、〝昭和史〟に含めてここに収録する。

大正一五年（一九二六年）夏、千葉県香取郡久賀村（現・多古町）出沼の荷馬車輓《ひ》き、岩淵熊次郎《いわぶちくまじろう》（三五歳）は、妻子六人とともに生活していたところ、同村高津原の居酒屋〈上州屋〉で働く吉沢けい（二七歳）と深い仲になった。

そのうちけいは、菅沢寅松（二五歳）という男と馴染みになった。熊次郎はこれを妬んでけいを問い詰め、その挙げ句、包丁で脅迫して警察に捕まり、八月一八日、八日市場区裁判所において脅迫罪で懲役三カ月、執行猶予三年の判決を言い渡された。

自宅にいったん帰った熊次郎は、一九日夜、〈上州屋〉へ赴いた。するとたまたま寅松と居合わせ、憤怒のあまり土間にあった薪でけいを撲殺した後、おさめようとしたけいの祖母・とみの頭にも殴りかかってその場に昏倒させた。その後、熊次郎とけいの仲裁に入ったがけいの肩を持ったかどで恨んでいた菅沢種雄の家に放火し、消火に駆けつけた村の消防手二名に「火を消すと承知しないぞ！」と言って殴りつけ、そのうえ火事騒ぎで留守になった巡査駐在所に入って、自らの脅迫事件を検挙した巡査の剣を盗み出した。

続いてこちらもかねてから恨みのあった岩井長松宅に赴き、戸外へ呼び出して斬殺した。半鐘が乱打され、地元の消防組、青年団、在郷軍人会が非常招集された。県警本部からも捜査課長ら、さらには八日市場裁判所から判事、検事らが駆けつけ、捜索班を編成して山狩りを始めた。

翌朝の明け方に多古署の刑事が熊次郎を発見して取り押さえようとしたが、熊次郎は剣をかざして切りかかり、全身十数カ所に傷を負わせて逃走した。

新聞は「鬼熊事件」と名づけて連日詳細に報道したので、熊次郎は悪役のスターになったが、なぜか奇妙なことに人気者になった。

事件から二週間経った九月一一日夜、巡査が集落を巡回中、熊次郎とばったり出くわした。熊次郎は持っていた鎌で切りかかり、巡査を殺して逃げた。警官が殺されたので、新聞は犯行を派手に書きたてた。巷では『鬼熊狂恋の歌』が流行した。

連日、山狩りが行われ、九月末までに動員された警察官、消防組員、青年団員などは延べ五万人を超えた。だが熊次郎は捕まらない。実は熊次郎に同情した集落の人たちが、現れるたびに密かに食事を与えるなどしていた

岩淵熊次郎

岩淵熊次郎の墓

のだった。

だが、事件は意外な結末を迎える。熊次郎は九月三〇日明け方、出沼の墓地に現れ、岩淵家先祖代々の墓前で親戚に用意してもらった毒薬入りのもなかを食べ、剃刀で喉を切って自殺を図ったのだった。しかし死に切れず苦悶しているところを捜索中の地元消防組員に発見される。急報を受けた捜査隊が駆けつけたが、午前一一時二〇分、絶命した。事件発生からすでにひと月以上が経過していた。

熊次郎が自殺を図った墓地はすでに改葬されて、空地になっている。少し離れた場所に新たな墓地があり、その一隅に「岩淵家之墓」と刻まれた墓が建っていた。そばに墓誌があり、二列目に「大正十五年九月二十九日　転心院開悟信士　俗名熊次郎　行年三十五歳」と記されている。「転心」「開悟」を用いた戒名に、僧の熊次郎への心情を感じる。

この墓誌から、妻が昭和五二年（一九七七年）まで生き長らえたのを知った。八八歳。夫亡き後、人々に支えられながら生きたであろう苦渋の生涯が偲ばれた。

第2墓　文豪の自殺——〝ぼんやりした不安〟の果てに

芥川龍之介［小説家］
命日　昭和二年（一九二七年）七月二四日　三六歳
戒名　懿文院龍之介日崇居士
墓所　慈眼寺　東京都豊島区巣鴨5－35－37
JR山手線、都営地下鉄三田線「巣鴨」駅から徒歩一三分

日本近代文学を代表する作家の芥川龍之介《あくたがわりゅうのすけ》が劇薬を多量に服用し、東京・滝野川区田端（現・東京都北区田端）の自宅で亡くなったのは、昭和二年（一九二七年）七月二四日未明。妻の文《ふみ》が異変に気づき、医師を呼び、応急手当をする一方、親友の画家小穴隆一らに知らせたが、すでに手遅れだった。

枕元には読みかけの聖書、そばに妻や親友菊池寛らに宛てた四通の遺書、友人久米正雄に託した「或旧友へ送る手記」などが置かれていた。「或旧友へ送る手記」には、死の動機として「何か僕の将来に対する唯ぼんやりした不安」と認《したた》められていた。

龍之介は明治二五年（一八九二年）東京生まれ。東京帝大英文科卒。在学中、第三次『新思潮』に第一作『老年』を発表し、注目を集めた。さらに第四次『新思潮』に『鼻』を発表して師の夏目漱石に激賞され、華々しく文壇にデビューした。

短編や随筆、評論から童話まで意欲的に書き続け、『芋粥』『地獄変』『枯野抄』『河童』『蜃気楼』『或阿呆の一生』など優に三〇〇を超える作品を発表した。

この間、強度の神経衰弱になり、久米正雄に死を意識する言葉を吐いている。亡くなる一週間ほど前に、一夜

妓楼に遊び、席に出た芸者から陰惨な生活ぶりを聞き、「生きるために生きる」人間の浅ましさに、いっそう厭世心を強くしたようだ。

龍之介は「或旧友へ送る手記」に、自分が死を決するに至った心の過程や死への賛美、寂寞たる人生観を書きあげた。死の前日の二、三日は一日中、書斎に籠もり、絶筆となる雑誌『改造』に掲載する「西方の人」「続西方の人」を書いてから、四通の遺書を書いた。

夕食は妻や三人の子どもたちと楽しく語らいながら済ませ、書斎に戻って聖書を読み、翌二四日午前一時ごろ、劇薬を飲んでから、妻や子どもたちが寝ている階下の寝室に入った。妻と短い言葉を交わし、聖書を読んでいたが、やがて眠りにつき、翌朝、妻が気づいた時はすでに遅かった。

妻への遺書に、「生かす工夫絶対に無用」「絶命すまで来客には「暑さあたり」と披露すべし」とあり、最後に「この遺書は直ちに焼棄せよ」と書かれていた。

妻は自著の中でこう書いている。

主人が亡くなりました時、私はとうとうその時が来たのだと、自分に言いきかせました。
私は、主人の安らぎささえある顔(私には本当にそう思えました)をみて、
「お父さん、よかったですね」
という言葉が出て来ました。

(芥川文述、中野妙子記『追想 芥川龍之介』より)

漠然とした苦悩の中にいる夫に寄り添い続けた妻のみが言い得る重い言葉、といえよう。

墓は東京都豊島区の慈眼寺にある。生垣に囲まれた中に、五〇センチ四方の墓石が置かれ、正面に小穴隆一の

筆により「芥川龍之介墓」と陽刻されている。墓の頂に芥川家の桐の家紋が浮き彫りになっている。ほぼ立方体の墓石だが、上面は芥川が愛用していた座布団と同じ形や寸法なのだという。院号の「懿文《いぶん》」とは、麗しい文章を意味する。

芥川龍之介

芥川龍之介の墓

第3墓 〝ヤマセン〟暗殺——治安維持法改正に一人反対

山本宣治［生物学者・政治家］

命日　昭和四年（一九二九年）三月五日　四一歳

戒名　——

墓所　善法墓地　京都府宇治市宇治善法81
　　　JR奈良線「宇治」駅から徒歩一三分

昭和四年（一九二九年）三月五日夜九時ごろ、京都選出の衆議院議員、元労農党代議士、山本宣治《やまもとせんじ》（四一歳）が宿泊先の東京市神田区表神保町の光栄館の二階八畳間で遅い夕食を摂ろうとした時、客が訪ねてきた。山本は宿の者を通じて、「今夜はもう遅いので」と断ったが、どうしても会いたいといって引き下がらない。やむなく二階の部屋に招き入れた。すると男は突然、態度を変え、「直ちに衆議院議員を辞職すること」など五項目を書いた要求書を突きつけた。

山本は語気鋭く拒絶し、激しい口論になった。男はやにわに刃渡り六寸（約一八センチ）の短刀を取り出し、山本の左頸部を突き刺した。血まみれになった山本は、男と揉み合いになり、胸を刺されて階段から転げ落ちた。この間に男は逃走した。山本は午後一〇時四〇分ごろ、死亡した。

急報で近くの交番の警察官が現場に向かおうとした時、血のりのついた短刀を手にした男が現れ、犯行を自首した。錦町警察署で取り調べた結果、犯人は元警察官で政治活動家の黒田保久二《くろだほくじ》（三七歳）と判明した。

黒田は殺意を否認し、暴力を振るう山本に抵抗して刺したもので、正当防衛であると主張、背後関係はないと述べた。警察は、政府の無産・労働運動に対する態度に追従するかのように、あまり追及しなかった。

山本は〝山宣《ヤマセン》〟のニックネームで知られる大衆派の代議士で、この日開かれた帝国議会本会議に出席したが、反対し続ける治安維持法改正案が、事後承認として通過した。

実は前年六月、この治安維持法改正案が提出されたが、山本ら野党の反対で審議未了になった。しかし緊急勅令案が出され、投票の結果、反対票を投じたのは山本の一票だけ。同志であるはずの無産政党の八人までもが賛成に回った。これにより結社はなくなり、政府の無産・労働運動への弾圧が強まりだした。山本の肩書きが「〝元〟労農党代議士」であるのは、結社の解消による。

山本はこの国会に出席する前、大阪で開かれた全国農民組合大会に臨み、

「実に今や階級的立場を守るものは唯一人だ。だが僕は淋しくない。山宣一人孤塁（「赤旗」という説もあり）を守る。併し背後には多数の同志が……」

そこまで述べた時、警察官により演説を中止させられた。

暗殺されたのが治安維持法改正に一人反対した代議士だっただけに、世論は厳しい反応を見せた。無産党出身

山本宣治

山本宣治の墓

議員らは政界の闇にうごめく勢力による犯罪とみて怒りをあらわにし、腕に喪章を巻いて登院した。

山本の遺体は解剖された後、八日、本郷のキリスト教青年会館で告別式が行われ、遺体は旧労農党旗に包まれて火葬された。葬儀は一五日、東京・青山斎場で労農祭として行われ、大勢の労働者たちが詰めかけた。

この時期、「三・一五事件」や「四・一六事件」など無産党運動に対する弾圧が起こり、山本の暗殺事件をきっかけに無産党組織は衰退していくことになる。

犯人の黒田は殺人罪で起訴されたが、東京地裁は弁護人の請求を認めて、黒田を保釈金三〇〇円で保釈した。賛否両論が巻き起こったが、地裁は「逃走の恐れはなく、保釈は遅すぎたくらい」と述べた。

黒田の裁判は普通公判により行われた。検事は被告人の憂国の心情を汲んで懲役一二年を求刑し、地裁は求刑通りの判決を言い渡した。被告側は控訴せず、刑が確定した。

黒田はこの直後、恩赦により懲役九年に減刑され、昭和一二年（一九三七年）暮れに、仮釈放になった。意外にもこの裁判記録は現存しない。

山本は京都府京都市でアクセサリー店を営むクリスチャンの両親の長男に生まれた。幼少から園芸を志し、カナダのバンクーバーに五年間留学して園芸を学んだ。この間、人道主義者やキリスト教社会主義者と交流を深めた。帰国後、第三高等学校を経て、二八歳で東京帝国大学理学部動物学科に入学し、後に京都帝国大学大学院へ。社会労働運動に関わり、京都で起こった小作争議を指導し、議会解散請願運動全国代表になる。昭和二年（一九二七年）、衆議院京都五区の補欠選挙に労農党から立候補して落選。その年、労農党京都府連合会委員長になり、翌三年の第一回普通選挙（第一六回衆院選）に京都二区から立候補して当選した。帝国議会に提出された治安維持法改正に二度にわたって反対した。

山本の墓は京都府宇治市の善法墓地にある。門構えのついた大きな自然石の墓碑で、正面に「花屋敷山本家之墓」と見える。この墓、最初は正面に「山本宣治」の氏名、背面に全国農民組合大会での演説文が刻まれていたが、建立許可が出なかった。しかし宣治と両親の名を出さないこと、碑文の全文をセメントで塗り潰すことを条件にやっと建立の許可が出た。「花屋敷」は明治二七年（一八九四年）に両親が創業した自営の旅館〈花やしき浮舟園〉からとったものであり、交渉過程で生まれた副産物といえる。だが碑文の文字だけは塗り潰しても何者かに剝がされ、また塗るという繰り返しが続いた。

昭和二〇年（一九四五年）一二月、戦後最初の追悼墓前祭が催され、かつての農民組合の同志がセメントで塗り潰した碑文をノミで剝がすと、そこに山本の最期の演説の一節が、大山郁夫の筆跡で刻まれていた。

墓前祭はいまも毎年命日の三月五日に催されている。〈花やしき浮舟園〉は現在も営業しており、園内には「山宣資料館」が設けられている。

第4墓　無教会主義の思想家
——非戦を説き、聖書研究に没頭

内村鑑三［宗教家・思想家］
命日　昭和五年（一九三〇年）三月二八日　七〇歳
戒名　—
墓所　多磨霊園　東京都府中市多磨町4－628
京王電鉄京王線「多磨霊園」駅前から京王バス「多磨霊園表門」下車すぐ

内村鑑三《うちむらかんぞう》は万延二年（一八六一年）、高崎藩士の長男として、江戸（東京）小石川の武家長屋で生まれた。父が名付けた名は、〝三度自己を鑑みる〟という意味。内村はこの父から幼くして儒学を学ぶ。明治維新により政治体制が変わり、内村は高崎藩主を務める大河内輝声《おおこうちてるな》の英語学校に通う。

明治六年（一八七三年）、単身上京して有馬学校英語科で一年間学んだ後、東京外国語学校に編入した。後に首相となる加藤高明、北海道帝国大学初代総長になる佐藤昌介がいた。だが病気で一年間休学する。これにより一年入学が遅い新渡戸稲造、宮部金吾と知り合う。

北海道開拓が始まり、札幌農学校の官費生の特典を知った内村は、第二期生として入学する。一期生はすでに学校を去ったクラーク博士の影響を受けてキリスト教に入信しており、二期生に対しても強く入信を勧めてきた。最初反対していた内村、宮部、新渡戸らも「イエスを信ずる者の契約」に署名する。

その後、アメリカのメソジスト教会の牧師の洗礼を受け、教会から独立した自分たちの信仰を持った。この学生信者集団を〝札幌バンド〟と呼んだ。

明治一四年(一八八一年)、卒業した内村は開拓使勧業課に勤務するかたわら、札幌基督教会を創立し、信仰を深める。翌年、開拓使が廃止になり、札幌県ができて御用係になるが、伝道者になるため辞職願を出す。その後、津田仙が経営する学農社農学校の教師になり、全国キリスト信徒親睦会で札幌教会代表として演説した。この直後に結婚したが、半年後に離婚。

両親や友人の勧めもあり私費でアメリカへ渡るが、拝金主義や人種差別が蔓延するキリスト教国に幻滅する。だがフィラデルフィア郊外の養護施設を訪ねて院長カーリンと会い、そこの知的障害児養護学校の看護人になる。カーリンに同行してワシントンＤＣで開催された全米慈善矯正会議に出席し、大統領グローバー・クリーブランドと面会した。

内村は米国に滞在中の新島襄の勧めで、新島の母校であるマサチューセッツ州アマーストのアマースト大学三年に編入、新島の恩師で牧師・総長のシーリーの下で伝道者になる道を選ぶ。同大学卒業後、ハートフォード神

内村鑑三

内村鑑三の墓

学校に入学するが、教育に失望して退学。明治二一年（一八八八年）帰国。

新島の紹介で新潟の北越学館の仮教頭となるが、退職して東京へ戻り、東洋英学校、明治女学校、水産伝習所などで教鞭を執った。ほどなく二度目の結婚。

明治二三年（一八九〇年）、第一高等中学校（現・東京大学教養学部、千葉大学医学部・薬学部）の嘱託教員になるが、翌年一月九日、講堂で挙行された教育勅語奉読式でトラブルを起こす。教員と生徒が順番に明治天皇親筆の教育勅語の前に進み出て、〝奉拝〟するのだが、校長、教頭の次に、舎監の立場で登壇した内村は、最敬礼をせずに降壇したのが不敬であるというもの。

以後は著作活動をはじめ、『基督信徒の慰』でデビュー。ここで初めて「無教会」という言葉を用いた。京都に移り住み、『萬朝報』の英文欄主筆に。黒岩涙香らと〈理想団〉を作り、社会改良運動に乗り出す。

明治三六年（一九〇三年）、『萬朝報』に「戦争廃止論」を発表して社会に警鐘を鳴らした。足尾鉱毒事件が表面化すると演説会に参加した。

昭和五年（一九三〇年）三月二八日没。遺言により内村が定期刊行していた『聖書之研究』は廃刊、自ら主宰していた聖書研究会は解散した。

内村の墓は東京都府中市の多磨霊園にある。上部が丸みを帯びた横型の墓で、横書きに「内村鑑三墓」と漢字体で刻まれているほか、英文も見える。台石に「妻　静子ともに眠る」とある。

第5墓　日本細菌学の父——破傷風の純粋培養に成功

北里柴三郎［細菌学者］

命日　昭和六年（一九三一年）六月一三日　七九歳
戒名　——
墓所　青山霊園　東京都港区青山2－32－2
東京メトロ千代田線「乃木坂」駅、銀座線「外苑前」駅から徒歩八分

細菌学者の北里《きたさと》柴三郎《しばさぶろう》は嘉永五年（一八五二年）、熊本県阿蘇郡小国町北里で生まれた。黒船の来航の前年だから、日本が大きく変革していく時期に当たる。

戊辰戦争が起こり、明治維新を迎えた時、北里は一五歳。最初は軍人になろうと考えたが、両親の勧めで熊本医学校に入学した。ここでオランダ人医師マンスフェルトから、「医学も男子一生の仕事になり得る」と言われて発奮する。

明治八年（一八七五年）、二四歳で東京医学校（現・東京大学医学部）に入学し、卒業して内務省に入る。ドイツに留学して細菌学者コッホのもとで細菌学の研究に取り組む。この研究で、破傷風菌の純粋培養に成功し、さらに血清療法を確立する。

これにより北里の名は世界に知れわたり、欧米各国の研究所などから招聘が相次いだ。だが北里は、日本の医療体制を改善するためにも祖国に戻るのが最善と考え、すべてを断って明治二五年（一八九二年）に帰国。福沢諭吉らの援助を受けて私立（後に国立）伝染病研究所を設立して、研究に没頭した。

北里は国内で発生する伝染病の原因と対症療法を突き止めて、集中的にその治療に当たり、多くの命を救った

ほか、明治二七年（一八九四年）、香港でペスト菌を発見するなどの業績を収めた。

大正三年（一九一四年）、それまで勤めた国立伝染病研究所（現・東京大学医科学研究所）の移管に反対して所長を辞任し、新たに私立北里研究所（現・学校法人北里研究所）を設立して所長となり、細菌の研究と治癒に尽くした。人々は北里を〝日本細菌学の父〟と呼んで敬愛した。

大正六年（一九一七年）、慶應義塾大学に医学部が設置されると、創設者である福沢諭吉の恩義に報いて同学部の初代学部長に就任した。大正一二年（一九二三年）、日本医師会が誕生すると、高齢ながら推されて初代会長に就任し、医師たちの先頭に立った。

昭和六年（一九三一年）六月、東京・麻布の自宅で脳溢血のため亡くなった。七九歳だった。

墓は東京都港区の青山霊園にある。墓石の正面に「男爵北里柴三郎之墓」と刻まれていて、威風堂々たる雰囲気を漂わせていた。

北里柴三郎

北里柴三郎の墓

第6墓 浜口雄幸狙撃事件
——〝ライオン宰相〟ホームで撃たれる

浜口雄幸［政治家］
命日　昭和六年（一九三一年）八月二六日　六一歳
戒名　大勇院尽忠日貫居士
墓所　青山霊園　東京都港区青山２－32－２
　東京メトロ千代田線「乃木坂」駅、銀座線「外苑前」駅から徒歩八分

昭和五年（一九三〇年）一一月一四日午前八時五八分、内閣総理大臣浜口雄幸《はまぐちおさち》は、東京駅四番ホームに停車している午前九時発の特急〈燕〉号に乗ろうとした時、突然、何者かに拳銃で撃たれた。浜口は一瞬、下腹部を押さえて立ちすくみ、そのまま膝から崩れ落ちた。

異変に気づいた秘書官や書記官長らが浜口を抱きかかえて、駅長室隣の貴賓室へ運んだ。急報を受けて丸の内鉄道病院医師が駆けつけ、応急処置をしたが、出血がひどく、危篤状態になった。だが浜口は意識もはっきりしていて、

「男子の本懐だ。心配することはない」

と低い声ながら答えた。

浜口は東京帝大病院に移され、輸血の後に手術が施され、腸から腸間膜を貫き左臀部にあった弾丸を摘出した。手術は成功し、一命を取りとめた。

犯人は二発目を発射できないまま、総理護衛の警察官に取り押さえられ、日比谷署から警視庁に引き渡された。取り調べの結果、愛国社党員の佐郷屋留雄《さごうやとめお》（二三歳）とわかった。佐郷屋は民政党の浜口内閣の施策や、ロンドン条約締結問題の対応などに不満を抱き、浜口内閣を打倒しようと決意した。前月の一〇月二七日夕、神戸から帰った浜口を東京駅で狙ったが目的を果たせず、この日、動向を事前に調べて東京駅で待ち伏せし、犯行に及んだのだった。

政府は急ぎ外務大臣幣原喜重郎《しではらきじゅうろう》を臨時総理大臣として、難局の乗り切りを図った。明けて昭和六年（一九三一年）一月、浜口は六九日ぶりに退院し、三月一〇日から登院したが、体はまだ直りきっておらず、一〇日間の議会を終えた直後に総理を辞任した。

その後、浜口は三回の手術をしたが治癒せず、小石川久世山の自宅で養生していたが、体調が急変して八月二六日午後三時過ぎ、死去した。六二歳だった。事件から九カ月が経過していた。

浜口の死が伝えられると自宅には弔問客が詰めかけ、大混雑を呈した。

東京地裁は浜口の死去に伴い、佐郷屋の訴因を殺人未遂罪から殺人罪に変更して審理を続け、求刑通り死刑を言い渡した。佐郷屋は控訴した。

この裁判の最中、「血盟団事件」「五・一五事件」などが続発し、国家主義を背景にした暗いテロの時代へと突き進んでいた。

控訴審で佐郷屋の弁護人は「憂国の志より出た公憤の結果である」と主張した。「五・一五事件」に対する軍法会議の結果がすこぶる寛大だったのも影響したようだ。だが控訴審は死刑、上告した大審院も上告棄却して刑が確定した。三年間にわたる、当時としては長い裁判だった。

結局佐郷屋は昭和九年（一九三四年）の皇太子誕生による減刑令で死刑を免れ無期懲役になり、さらに昭和一三年（一九三八年）の大日本帝国憲法発布五〇年、昭和一五年（一九四〇年）の紀元二六〇〇年の二度の恩赦により懲役一五年に減刑され、同年に仮釈放された。

亡くなった浜口の墓は東京都港区の青山霊園にある。墓の正面に「濱口雄幸墓」とのみ刻まれている。戒名は生前に自身がつけたものを掲げた。〝ライオン宰相〟と呼ばれた面影も、事件を思わせるものもない。すぐ隣に「血盟団事件」（第８墓）で暗殺された井上準之助の墓がある。

浜口雄幸が拳銃で撃たれた現場

浜口雄幸の墓

第7墓　日本資本主義の父――五〇〇社以上の創立に関わる

渋沢栄一［実業家］

命日　昭和六年（一九三一年）一一月一一日　九二歳
戒名　泰徳院殿仁智義譲青淵大居士
墓所　谷中霊園　東京都台東区谷中7－5－24
　　　JR山手線、京浜東北線「日暮里」駅から徒歩六分

幕末から明治、大正、そして昭和初期にかけて活躍した実業家といえば、渋沢栄一《しぶさわえいいち》と即答できる。〝日本資本主義の父〟と呼ばれ、九二歳まで生き抜いたその生涯は、まさに「凄い」の一語に尽きる。

渋沢は武蔵国（埼玉県）の豪農の家に生まれた。家業を手伝ううち、剣術修行で江戸に赴き、志士たちと交流して尊王攘夷運動に参加するが、その後一転して一橋慶喜に仕え、幕臣になる。これが渋沢の運命を大きく変えることになる。

慶応三年（一八六七年）、水戸徳川家を継いで藩主となった慶喜の弟、徳川昭武のフランス・パリ万国博覧会使節団に選ばれて、太平洋を渡る。そこで西洋文化を目の当たりにして、日本があらゆる面で立ち遅れているのを実感する。と同時に薩摩藩が〝国〟として参加、出品しているのを見て、日本の政治のありように疑問を抱く。

その最中、薩摩、長州軍と徳川幕府軍が衝突して戊辰戦争が起こり、将軍慶喜は〝朝敵〟とされ蟄居したとの連絡が届く。一行は驚き、慌てて明治元年（一八六八年）一二月に帰国する。

帰国した渋沢はすぐ明治新政府に登用され、大蔵省に出仕し、明治五年（一八七二年）、大蔵大丞《だいじょう》になる。だが間もなく辞職して実業界に入り、民間の最高指導者としての役割を次々に果たしていく。

近代的な銀行制度や株式会社制度を輸入・移植し、その一方で近代的実業教育の学校（商法講習所、一橋大学の前身）を興すなど、パイオニアの一人とされ、〝実業王〟〝財界大御所〟などとも呼ばれた。

明治一一年（一八七八年）、商業会議所と銀行集会所が設立されると、それぞれ会頭・会長に就任し、明治、大正、昭和と長い間、務めた。このように商工業界と金融界の双方の指導的地位にあった人物はほかにいない。

また重要産業である製糸、紡績、製紙、織物、造船、海運、鉄道、汽車製造、ビール、ホテル、人造肥料、保険など五〇〇社以上の企業創立に関わり、それを次々に成功させ、〝日本資本主義の父〟とも讃えられた。

社会事業でも、労使協調の面でも、国際親善の国民外交の面でも、また実業教育、女子教育でも、ありとあらゆる面に顔を出し、助言や資金援助を惜しまず、その振興の後押しをした。その桁違いともいえる行動は、晩年まで続いた。民間における最高の指導者、後援者だったといえる。

特筆すべきは渋沢がかつての主人である徳川慶喜と会い、『徳川慶喜公伝』を著述したことである。膨大な原稿が東京の別邸にいる慶喜のもとに渡ったのは大正二年（一九一三年）一一月始め。だが慶喜は風邪をこじらせ肺炎になり、病床に臥せていた。危篤状態になり、天皇は勅使を差し向けたほどだったが、一時的に回復。原稿を読む

渋沢栄一

渋沢栄一の墓

ほどになった。亡くなる日の一一月二二日も、原稿を読みながら眠るように亡くなったという。

渋沢が亡くなったのは慶喜没から一八年後の昭和六年(一九三一年)、九二歳だった。墓は東京都台東区の谷中霊園にある。

戒名は「泰徳院殿仁智義譲青淵大居士」と特別に長いのが特徴的である。戒名について簡単に説明すると「泰徳院殿」の部分を院号(院殿号)といい、「仁智義譲青淵」の部分を道号・戒名といい、「大居士」の部分を位号という。この中央部の道号・戒名が普通は二文字ずつなのだが、合わせて六文字用いられているのは、渋沢の功績の高さを表しているといえるだろう。

そんなことを思い合わせながら、墓前にしばしたたずんでいた。

第８墓　血盟団事件——〝一人一殺〟の暗殺計画

井上準之助［銀行家・政治家］

命日　昭和七年（一九三二年）二月九日　六四歳
戒名　—
墓所　青山霊園　東京都港区青山２−32−２
東京メトロ千代田線「乃木坂」駅、銀座線「外苑前」駅から徒歩八分

団琢磨［実業家］

命日　昭和七年（一九三二年）三月五日　七五歳
戒名　浄心院殿宏特琢磨大居士
墓所　護国寺　東京都文京区大塚５−40−１
東京メトロ有楽町線「護国寺」駅からすぐ

昭和七年（一九三二年）二月九日午後八時ごろ、民政党筆頭総務で前大蔵大臣の井上準之助《いのうえじゅんのすけ》（六四歳）は、衆議院議員選挙の応援演説のため、演説会場である東京市本郷肴町の駒本小学校に赴いた。自動車を降りて通用門に入ろうとした時、突然、背後から男に拳銃で撃たれた。男は拳銃を続けざまに発射し、井上はその場に昏倒した。東京帝大青山外科病院に担ぎ込まれたが、右胸部、左腰部、脊柱部に三発撃ち込まれており、間もなく絶命した。

犯人はその場で取り押さえられ、駒込警察署に突き出された。取り調べの結果、茨城県人の小沼正《おぬましょう》（二二歳）と判明した。小沼は「故郷の農村が疲弊しきっているのは、前蔵相井上の経済政策の失敗によるものと思い、犯行

に及んだ。教唆者などいない」と述べた。総選挙中に起こった事件だけに、警視庁は政争に絡むものとの見方を強めた。それから一カ月近く経た三月五日午前一一時二〇分ごろ、三井合名会社理事長の団琢磨《だんたくま》（七五歳）が自動車を降りて、勤務先の三井合名ビルの正面玄関に入ろうとドアを開けた時、突然、玄関内に潜んでいた男が飛び出して、団の真正面から拳銃を発射した。団は右胸を撃たれてその場に崩れ落ちた。警護の警察官が犯人の拳銃をたたき落とし、逮捕した。団は同ビル五階の医務室に運び込まれ応急手当を受けたが、絶命した。

犯人は茨城県人の菱沼五郎（二一歳）と判明した。取り調べに対して「三井財閥の巨頭が政党と結託して私腹を肥やし、財政界を腐敗させている。粛清するため暗殺した」と述べた。

警視庁は、この二つの犯罪の共通点として、犯人の出身地がともに茨城県那珂郡であり、使用した凶器が同じブローニング六連発三号型拳銃である点に注目した。

二人を追及したところ「われわれは茨城出身決死隊である」と自供したうえ、同村の黒沢大二（二三歳）とともに同村南浜小学校訓導の古内栄司（三二歳）から特別の薫陶を受けていること、古内は日蓮宗僧侶で茨城県大洗村、立正護国堂内の血盟団盟主、井上日召《いのうえにっしょう》（四七歳）と深いつながりがあることなど、背後関係が明らかになった。

事件が報道されて、逃げられないと観念した黒沢が警視庁に自首し、その供述から古内が逮捕された。続いて三月一一日、井上日召が自首して出た。日召の自供から一味の逮捕者は合計一四人にのぼり、血盟団による大がかりなテロ計画が明らかになった。

井上日召は本名を昭といい、〝昭〟の文字を二つに割って〝日召〟とした。長く中国で陸軍参謀本部の下で防諜活動に携わった。帰国後は茨城県の立正護国堂の布教師になり、天皇中心の国家革新を実現しようと考え、古内や小沼、菱沼らの同志を集める一方、霞ヶ浦海軍航空隊所属の海軍中尉古賀清志らに接近して結託。国家革新を急ぐには非合法な手段しかないと決意し、陸軍将校とも接触しながら、大学生らにも血盟団の結成を呼びかけた。

昭和六年（一九三一年）三月と一〇月、陸軍軍人によるクーデターが相次いで失敗した。それぞれ「三月事件」「十月事件」と呼ばれる。日召はこの失敗から陸軍を諦め、翌昭和七年（一九三二年）一月、海軍と接触し、〃昭和維新〃と称して財界や特権階級をターゲットとする暗殺計画を立てた。

ところが「第一次上海事変」が起こり、参加していた軍人が出陣したため、民間人だけで起とうと決意。日召が自ら総指揮者となり、集団行動はとらず、〃一人一殺〃主義で臨むこととした。まず日召から同志一人ひとりに殺害すべき相手を伝え、同志がその人物の動向を把握したうえ、日召から拳銃を受け取って暗殺を決行する、と通達した。

目標として上がったのは、特権階級二人、政界指導者七人、財界代表者一人の計一〇人。その人物を狙う一二人が決まった。

だがこの暗殺計画は、最初の井上、団の二人を殺害した後、日召の逮捕により崩れた。事件の全貌が明らかに

井上日召像

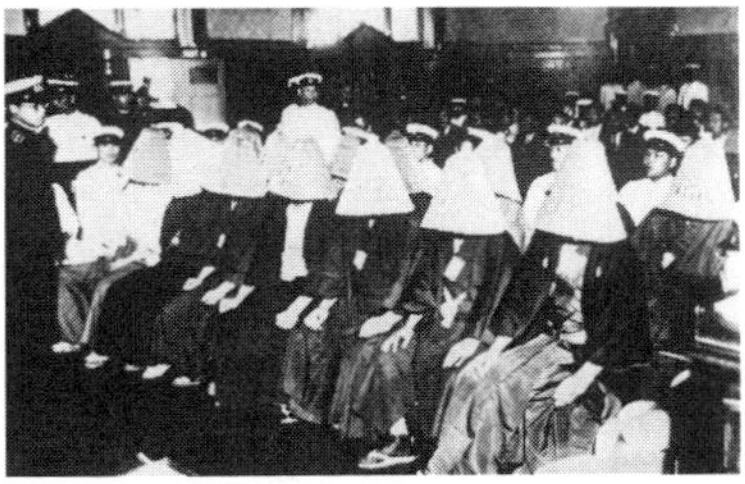

血盟団の第一回公判。編笠を被った被告人たち（昭和７年６月28日、東京地裁）

なり、国内は震え上がった。

裁判は昭和七年（一九三二年）六月二八日から東京地裁で開かれたが、裁判長は東京控訴院より移った大物裁判官が担当し、検事は二人、弁護人は三〇人弱を数えた。法廷は傍聴人で溢れ、警察官や憲兵らが厳重な警戒体制を敷くなか、〝皇道維新断行の秋〟と書いたビラがまかれるなど物々しい雰囲気に包まれた。

弁護人側は最初から「被告らの行動は憂国の至情から出たものであり、単なる殺人罪で審理すべきでない」と主張した。法廷はしばしば紛糾し、裁判長が途中で代わるなど思わぬ展開になった。この間、減刑嘆願書は三〇万通にも達した。

判決公判は一一月二二日に開かれ、全員に罪一等が減じられ、日召と小沼、菱沼の三人は無期懲役、古内は懲役一五年、あとの一〇人は懲役三年から一五年までの判決が出た。検事、弁護人ともこれを認めて刑が確定した。日召はたび重なる恩赦で減刑され、犯行から八年後の昭和一五年（一九四〇年）秋に出所した。小沼、菱沼も一カ月ほど遅れて出所した。

井上準之助の墓は東京都港区の青山霊園にある。正面に「井上準之助之墓」と刻まれているだけで、財界の大物だったことを表すものは何もない。

団琢磨の墓は東京都文京区の護国寺にある。石灯籠が置かれた立派な墓で、石段を三段登ると供花台があり、一番奥に鎮座している。

実行犯の首謀者、井上日召の墓は、茨城県大洗町の護国寺にある。大きな自然石の頭部に「魂」の文字に続き、「昭和維新烈士之墓」と刻まれていて、そばに本人の立像も見える。団琢磨の眠る東京の護国寺と同じ名の寺と知り、意外な感に打たれた。

団琢磨

井上準之助

井上準之助の墓

団琢磨の墓

第9墓　坂田山心中事件——墓から遺体が盗まれる

調所五郎〔学生〕
命日　昭和七年（一九三二年）五月九日　二四歳
戒名　——

湯山八重子〔資産家令嬢〕
命日　昭和七年（一九三二年）五月九日　二二歳
戒名　——
二人の墓所　多磨霊園　東京都府中市多磨町4－628
京王電鉄京王線「多磨霊園」駅前から京王バス「多磨霊園表門」下車すぐ

昭和七年（一九三二年）五月九日午前一一時ごろ、神奈川県大磯町の八郎山（通称・坂田山）の松林の中から男女の死体が発見された。男性は学生服、女性は錦紗の着物をまとっていた。そばに学生帽、数冊の書物、女性物のハンドバッグ、腕時計、指輪、鉢植えの花が置かれていた。

大磯警察署の調べで、男性の上着のポケットから遺書が見つかった。親に結婚を反対されて死を選んだもので、「八重子さんに私を卑怯者と思われたくなかった」と書かれていた。同署は遺体を二つの白木の箱に納め、同町の法善寺境内の無縁塚に並べて仮埋葬した。

その日のうちに身元は東京市芝区白金三光町の慶應義塾大学三年、調所五郎《ずしょごろう》（二四歳）と静岡県駿東郡富岡村の資産家の令嬢、湯山八重子《ゆやまやえこ》（二二歳）と判明した。二人は東京・芝のキリスト教会で知り合い、結婚を約束したが、八重子に縁談が持ち上がり、将来を悲観して昇汞水《しょうこう》をあおり、心中したものと判明した。

同署は双方の遺族が明日到着した段階で、遺体を引き渡すこととした。ところが異変が起こった。翌一〇日早朝、法善寺の墓番の妻が無縁塚に仮埋葬されている二人の墓に線香を上げようと近づいたところ、土饅頭が掘り返され、女性の遺体が紛失しており、近くに遺体の着物や下着類が散乱していた。何者かが遺体を持ち去ったのは明らかだった。

通報を受けた大磯署は、猟奇事件と断定し、県警に応援を求めるとともに、地元青年団、消防組らによる五人一組の捜索隊を編成し、坂田山や無縁塚を中心に捜索した。

午前八時四〇分ごろ、坂田山の山狩りを済ませた第四班捜査隊が海岸に向かう途中、女性の肌襦袢が落ちているのを発見。海岸に続く松林に囲まれた船小屋に近づくと黒髪が見え、周囲の砂地を掘り起こすと、裸の女性の遺体が現れた。

遺体とようやく対面できた女性側の遺族たちは、男性側の遺族と初めて顔を合わせて名乗り合い、その死を悔

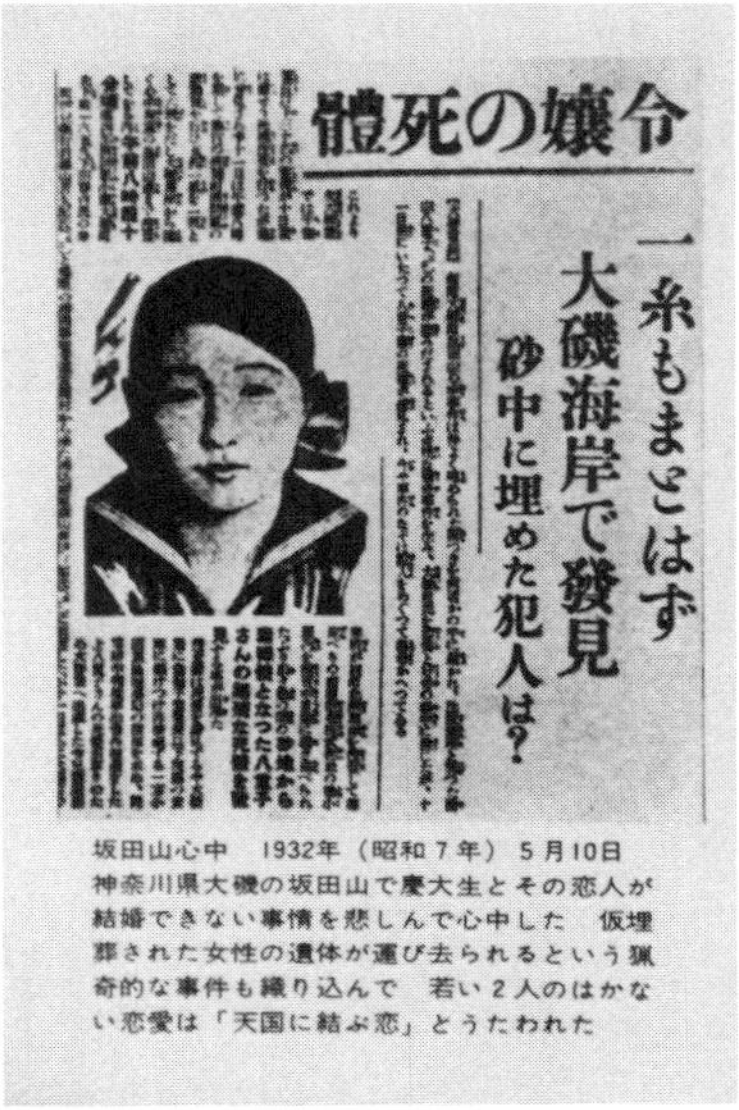
令孃の死體
大磯海岸で發見
一糸もまとはず
砂中に埋めた犯人は？

坂田山心中　1932年（昭和7年）5月10日
神奈川県大磯の坂田山で慶大生とその恋人が結婚できない事情を悲しんで心中した　仮埋葬された女性の遺体が運び去られるという猟奇的な事件も織り込んで　若い2人のはかない恋愛は「天国に結ぶ恋」とうたわれた

遺体盗掘事件を伝える新聞

調所五郎と湯山八重子の墓

やみながら「二人を一緒に葬ってやろう。せめてあの世で仲良く暮らしてほしい」と語り合った。

女性の遺体は男性に遅れて火葬された。両家はたがいに分骨し合い、八重子の葬儀時には男性の写真も並べて掲げられ、晴れて死後の結婚式を挙げた。

調所家では葬儀の後に、東京都府中市の多磨霊園に比翼塚を建てた。これが二人の墓である。墓の正面に「調所五郎　妻八重子之墓」と二人の名前が並んで刻まれている。焼香台には調所家の家紋が見える。筆者が詣でた時、墓前には三三九度を思わせる酒と盃が供えられていて、親族が詣でたものと推察できた。

遺体を盗んだ犯人に触れねばならない。大磯署は遺体を埋葬した作業員全員を留置して取り調べたが、誰も犯行を自供しない。そんななかで八重子の火葬に際して、橋本長吉という六五歳の作業員を作業に当たらせていたことがわかった。

その長吉が事件発生から一〇日目の一八日になって、やっと犯行を自供した。それによると長吉は、所用で横須賀に出かけて妹宅に宿泊し、事件当日夜、自宅に戻って坂田山心中の話を聞いた。〝美貌の令嬢〟が法善寺の無縁塚に仮埋葬されたと知り、深夜、密かに無縁塚に赴き、女性の遺体を掘り起こし、帯やズロースを剝いで捨て、遺体を松林の中に建つ船倉庫まで運び、二時間にわたり愛撫した。その後、遺体を砂浜に埋めて逃走したものとわかった。

ミステリアスな猟奇事件は意外な形で解決したが、これに着目した映画会社が『天国に結ぶ恋』のタイトルで映画化し、観客の涙を誘った。

同時に同名の主題歌が大流行し、多くの人々が涙ながらに口ずさんだ。


――――

ふたりの恋は清かった
神様だけが御存知よ

第９幕　坂田山心中事件——墓から遺体が盗まれる

死んで楽しい天国で
あなたの妻になりますわ
（映画『天国に結ぶ恋』主題歌より）

第10墓　五・一五事件——青年将校らが首相を暗殺

犬養毅［政治家］
命日　昭和七年（一九三二年）五月一五日　七八歳
戒名　台光院殿沈毅木堂大居士
墓所　青山霊園　東京都港区青山2－32－2
東京メトロ千代田線「乃木坂」駅、銀座線「外苑前」駅から徒歩八分

昭和七年（一九三二年）五月一五日午後五時半ごろ、国家改造を狙う海軍青年将校、同予備役将校、陸軍士官学校生徒、それに民間人の合計一九人が、四組にわかれて首相官邸などを襲撃した。「五・一五事件」の勃発である。

第一組の海軍中尉三上卓、山岸宏、少尉村山格之、予備少尉黒岩勇、それに陸軍士官候補生の後藤映範ら五人の計九人は、軍服をまとい、自動車二台に分乗して永田町の首相官邸に赴き、表門と裏門から突入した。邸内で合流した一団は奥の廊下を突き進み、三上が居間の前で警備中の麹町警察署巡査田中五郎に拳銃を発射した。田中は右腹部を射抜かれて昏倒。後日絶命。

首相の犬養毅《いぬかいつよし》はこの日、閣議もなく、和服姿で廊下を隔てた奥の日本間にいたが、銃声に驚き立ち上がろうとした。その時、駆け込んだ三上がやにわに拳銃の引き金を引いた。だが弾丸が発射されない。三上は大声で「首相発見っ」と叫んだ。

犬養は殺気だつ三上らを居間に通し、自分は椅子に座り、「まあ、落ちつきなさい。話せばわかることだから」と諭すように言い、椅子を勧めた。そのうち一団が駆け寄ってきた。だが誰も直立不動のままだ。

問答がひと言ふた言交わされたが、背後にいた山岸が、

「問答無用、撃てっ、撃てっ」

と叫んだ。首相の左前にいた黒岩がこれに応じて、引き金を引いた。撃たれた犬養は顔面血まみれになり、呻いた。三上が第二弾を発射した。犬養は右こめかみを射抜かれ、崩れ落ちた。

一団は山岸の「駆け足」の号令で引き揚げた。

犬養は荒い息を吐きながら「あの乱暴者らを、もう一度呼んでこい。わしがよく話してやる」と繰り返し繰り返し言い、昏睡状態に陥った。同夜一一時二〇分絶命。だが裁判記録では翌一六日午前二時三五分としている。七八歳だった。

首相官邸を襲った第一組は、その足で外桜田町の警視庁に赴き、一台目の自動車に乗った三上らは憲兵隊本部に自首した。だが二台目の黒岩らは庁舎に乱入し、さらに日本銀行の中庭に手榴弾を投げ込んだうえ、憲兵隊本部に自首して出た。

犬養毅

犬養毅の墓

襲撃第二組の海軍中尉古賀清志ら三人は、芝区三田台町の内大臣牧野伸顕《まきのぶあき》邸を襲い、手榴弾を投げ込み、当直巡査に重傷を負わせた。第三組の三人、第四組の二人も、それぞれ立憲政友会本部、警視庁、三菱銀行などに手榴弾を投げるなどして、憲兵隊本部に自首した。このうち第四組の民間人奥田秀夫は血盟団の残党であった。

また、別行動隊の水戸愛郷塾農民決死隊七人は、電灯会社のポンプ室や変電室に手榴弾を投げ込んだ。

新聞社は事件の詳細を号外で報じたが、翌日、政府は新聞報道を全面的に禁止した。

捜査は密やかに進められ、陸軍はクーデターに参加したのは士官候補生だけだったが、海軍は軍人多数を数え、それを支持した民間人にまで逮捕者が広がった。

陸軍の軍法会議は七月二四日から開かれ、九月一九日、全員に禁錮四年（求刑は禁錮八年）が宣告された。海軍の軍法会議も同じ日から開かれ、一一月一九日、被告らに禁錮二年～一五年（求刑は死刑、無期懲役、禁錮三年～六年）、うち四人に執行猶予二年が言い渡された。民間の裁判は農民決死隊と神武会頭大川周明《おおかわしゅうめい》ら三人の二つに分離して開廷され、懲役三年六カ月から無期懲役（求刑は懲役七年～無期懲役）が言い渡された。大川らは控訴。

新聞報道の禁止が解除されたのは翌昭和八年（一九三三年）年の五月一七日。新聞社は号外を連発して事件を報道した。

控訴院を経て大審院は昭和一〇年（一九三五年）一〇月二四日、大川らに禁錮三年～五年を言い渡し、刑が確定した。この判決は比較的軽かったとされ、後に発生する「二・二六事件」に影響を与えることになる。

犬養の墓は東京都港区の青山霊園にある。正面に「犬養毅之墓」と刻まれている。そばに、武者小路実篤の筆で、「犬養毅君ここに眠る」と記された石碑が見え、微かに往時を偲ばせる。

第11墓　拷問死――プロレタリア作家、特高警察に虐殺される

小林多喜二［小説家］
命日　昭和八年（一九三三年）二月二〇日　三一歳
戒名　物学荘厳信士
墓所　奥沢墓地　北海道小樽市奥沢5－130
　　　JR函館本線「小樽」駅前から路線バス「天満宮下」下車、徒歩五分

地下活動を続けるプロレタリア作家小林多喜二《こばやしたきじ》（三一歳）は、昭和八年（一九三三年）二月二〇日正午過ぎ、変装用のソフト帽にロイド眼鏡姿で、東京市青山の隠れ家を出た。

途中で同志の作家同盟の詩人今村恒夫と落ち合い、赤坂の狭い裏路地を伝って共産党青年同盟責任者が待つ福吉町の店に向かった。

しかし店内には彼はおらず、築地警察署の特高刑事が待ち構えていた。同志である共産党青年同盟責任者は前年秋に検挙され、警察側の諜報役になっていたのだった。だが多喜二らはそれを知らなかった。

二人は危うく捕まるところで店を飛び出し、赤坂溜池の電車通り目がけて走った。特高刑事が追いかけながら「泥棒っ」と叫んだので、付近にいた人が多喜二に飛びかかり、押さえつけた。そこへ特高刑事が駆けつけ、多喜二らを捕まえた。

築地署に連行された多喜二は、特高刑事らに三時間余りにわたり、凄まじい拷問を受けた。松本清張『昭和史発掘』によれば次のような状況であった。

寒気の中、特高刑事ら四、五人が、丸裸にされた多喜二らに殴りかかった。多喜二は意識を失って倒れた。暮れなずむころ特高刑事らは多喜二を運び、留置場の第三房へ投げ込んで立ち去った。そこは三畳間ほどの雑居房で、一二、三人が詰め込まれていたが、多喜二の姿を見てみな息を呑んだ。

多喜二は苦しがり、呻いた。便所に行きたいという多喜二を同房の者が背負って便所に連れて行ったが、多喜二はしゃがむこともできない。同房者が要求して多喜二は保護室へ移して寝かされた。同房者が着物をめくったところ、膝頭から上は内股といわず太股といわず一面青黒く塗り潰したように変色し、臀から下腹にかけても青黒く腫れ上がっていたという。

同房者が水をバケツで運び、タオルを濡らして患部を冷やすなどするうち、多喜二は呻かなくなって苦痛も訴えなくなった。眠っているように見えた。ところが急に容体が変わり、しゃっくりが出だした。すぐ築地署裏の病院へ運ばれたが、間もなく多喜二は絶命した。

検事局は遺体の引き取り先を、東京市杉並区馬橋に住む母セキと弟を無視して、北海道小樽の妹婿として通知した。警察は翌二一日午後三時になって、特別ラジオ放送で多喜二の急死を発表し、直接の死因は心臓病であるとしたうえで、「決して拷問したことはない。あまり丈夫でない身体で必死に逃げ回るうち心臓に急変を来したもので、警察の処置に落度はなかった」と述べた。

多喜二の遺体は、東京の馬橋の自宅に帰ってきた。母セキは遺体のシャツを脱がせ、「心臓が悪いって、どこ心臓がわるい〔ママ〕」と言いながら、その胸を撫で回した。

多喜二の葬儀は「三・一五事件」の日に当たる三月一五日、築地署にほど近い築地小劇場で労農葬により行われたが、警察官が劇場を占拠し、周辺には制服警官が配置され、物々しい雰囲気に包まれた。

多喜二が特高警察の恨みを買ったのは、全日本無産者芸術同盟機関誌『戦旗』に「一九二八年三月十五日」の表題で書いた小説が原因だった。政府が検察、警察を総動員して、治安維持法違反で共産党など左翼組織を弾圧した「三・一五事件」を取り上げたもので、逮捕者は数千人にのぼり、拷問を含む激しい取り調べの末、八四人が起訴された事件だった。

この事件が起こった時、多喜二は北海道拓殖銀行小樽支店に勤めていたが、小樽市でも五〇〇人が逮捕され、拷問が繰り返された。多喜二はこの事件の後、『蟹工船』『不在地主』などを書き、プロレタリア文学の先鋭的作家となった。銀行を解雇されて上京し、非合法の共産党員となってオルグ活動をしながら、小説、評論を書き続けた。

多喜二の墓は北海道小樽市の奥沢墓地にある。案内標識を見て進むと、正面に「小林家之墓」、背面に「昭和五年六月二日　小林多喜二建之」と刻まれた墓が建っている。昭和五年(一九二七年)の春、上京した多喜二は、亡き父の墓を建てたいという母セキの願いに応え、すぐに原稿料の中から五〇〇円を送金した。母は喜び、そのお金で墓を建て、左側面に父の戒名を刻み、右側面に「小林多喜二建之」と刻んだのだった。

小林多喜二

小林多喜二の墓

母は多喜二の葬儀を済ませた後、遺骨を抱いて小樽に帰り、改めて龍徳寺で百日法要を営んだ。そして「物学荘厳信士」の戒名をもらい、多喜二が建てたその墓に遺骨を埋葬したのである。その母もここに眠っている。

第12墓 国際親善に努めた教育者 ――「われ太平洋の橋とならん」

新渡戸稲造［教育者］
命日　昭和八年（一九三三年）一〇月一五日　七二歳
戒名　――
墓所　多磨霊園　東京都府中市多磨町4‐628
京王電鉄京王線「多磨霊園」駅前から京王バス「多磨霊園表門」下車すぐ

著書『武士道』の著者として知られる新渡戸稲造《にとべいなぞう》が亡くなったのは昭和八年（一九三三年）一〇月一五日。カナダのバンフで開かれた太平洋問題調査会の会議に出席し、世界の協調を訴えたすぐ後のことであった。会議終了後に体調を崩してビクトリアの病院に入院したが病状が悪化し、そこで亡くなった。

新渡戸が『武士道』を書いた理由は、札幌農学校を卒業（二期生）して開拓使に入り、ドイツ、アメリカに留学した際、ベルギーの著名な学者のド・ラブレー教授から、

「日本には宗教教育がないのに、どうやって道徳教育を授けるのですか」

と尋ねられたのがきっかけだった。即答できなかった新渡戸は、なにがものの善悪や正義という概念を形づくるのか考えた末に、倫理や道徳の根本となっているのが武士道であり、日本人の文化や思想の基になっていると結論づけた。

「この外国旅行を機に、日本人の倫理観や道徳観を外国人にわかるように英文でまとめよう」

そう決意した新渡戸が、図書館に通うなどして書き上げたのが『武士道』だった。フィラデルフィアの出版社から英文で出版されたのが明治三三年(一九〇〇年)一月。世界の東の果てにある日本の国民のものの見方や考え方として紹介され、大きな話題を呼んだ。

反響は物凄く、ヨーロッパ全体に及び、ドイツ語、ボヘミア語、ポーランド語、ノルウェー語、フランス語、ロシア語、さらには中国語など一〇カ国語余りに翻訳された。

世界が注目した『武士道』が日本語に翻訳されて、日本国内で販売されたのは明治四一年(一九〇八年)になってからである。いわば逆輸入になって戻ってきたわけだが、飛ぶような売れ行きだったという。

『武士道』は全一七章にわかれている。日本人がその暮らしの中で、なにを尊厳の根拠とし、何を恥じるべきものとしてきたか。そこから東西の文化の違いを越えて、共通する美しい心があると論じた。

新渡戸はアメリカ人女性のメアリーと結婚して帰国し、札幌農学校教授となり、そのかたわらで誰でも学ぶことができる遠友夜学校を設立した。その後、東京帝国大学教授を経て大正七年(一九一八年)に東京女子大学長となる。その年には第一次世界大戦が起こっている。

新渡戸稲造

新渡戸稲造の墓

大正九年（一九二〇年）、国際連盟事務局次長となった新渡戸は欧米各地を回って講演し、世界平和を訴えた。その後、太平洋問題調査会理事長となり、「われ太平洋の橋とならん」との思いを持って太平洋会議議長を務めた。

昭和六年（一九三一年）、「柳条湖事件（満州事変）」が起こり、翌年、〝満州国〟建国が宣言された。日本国内では満州へ赴く開拓団の姿が目立ちだした。

昭和八年（一九三三年）、新渡戸は体調が崩れているのにカナダに赴き、太平洋会議に出席して「再び愚かな戦争をしてはならない」と訴えた。だが日本の姿勢は、新渡戸の主張とは真逆だった。

新渡戸が亡くなって四年後、中国東北部に日本の傀儡国家〝満州国〟が誕生し、日中全面戦争から太平洋戦争へと長い戦争の世紀に突入することになる。

新渡戸の墓は東京都府中市の多磨霊園にある。広大な墓地の一郭に立派な墓が建っており、そばに銅像がある。椅子に座り、右手を顎に当てたポーズの銅像である。

第13墓 二・二六事件

――〝昭和維新〟を叫ぶ青年将校らが閣僚を暗殺

高橋是清〔銀行家・政治家〕
命日　昭和一一年（一九三六年）二月二六日　八三歳
戒名　報國院殿仁翁是清大居士

斎藤実〔軍人・政治家〕
命日　昭和一一年（一九三六年）二月二六日　七九歳
戒名　――

渡辺錠太郎〔軍人〕
命日　昭和一一年（一九三六年）二月二六日　六三歳
戒名　温眞院殿釋巖泉大居士

以上の墓所　多磨霊園　東京都府中市多磨町4－628
京王電鉄京王線「多磨霊園」駅前から京王バス「多磨霊園表門」下車すぐ。別場所にも各人の墓あり

自決した青年将校

野中四郎
命日　昭和一一年（一九三六年）二月二九日　三四歳
戒名　直心院明光義剣居士

河野寿
命日　昭和一一年（一九三六年）三月六日　三〇歳
戒名　徹心院天嶽徳寿居士

処刑された青年将校

香田清貞
命日　昭和一一年（一九三六年）七月一二日　三四歳
戒名　清貞院義道日映居士

安藤輝三
命日　昭和一一年（一九三六年）七月一二日　三一歳
戒名　諦観院釈烈輝居士

栗原安秀
命日　昭和一一年（一九三六年）七月一二日　二九歳
戒名　至誠院韜光沖退居士

竹島継夫
命日　昭和一一年（一九三六年）七月一二日　三〇歳
戒名　竹鳳院禅巌継道居士

対馬勝雄
命日　昭和一一年（一九三六年）七月一二日　二八歳
戒名　義忠院心誉清徳勝雄居士

中橋基明
命日　昭和一一年（一九三六年）七月一二日　三〇歳
戒名　至徳院釈真基居士

丹生誠忠
命日　昭和一一年（一九三六年）七月一二日　二九歳
戒名　丹節院全生誠忠居士

坂井直
命日　昭和一一年（一九三六年）七月一二日　二七歳
戒名　輝証院釈直入居士

田中勝
命日　昭和一一年（一九三六年）七月一二日　二六歳
戒名　解脱院勝誉達空一如居士

中島莞爾
命日　昭和一一年（一九三六年）七月一二日　二五歳
戒名　堅節院莞叢卓爾居士

安田優
命日　昭和一一年（一九三六年）七月一二日　二五歳
戒名　安寧院丹田優秀居士

高橋太郎
命日　昭和一一年（一九三六年）七月一二日　二四歳
戒名　高忠院水橋不流居士

林八郎
命日　昭和一一年（一九三六年）七月一二日　二三歳
戒名　誠徳院一貫明照居士

民間人

渋川善助［元士官候補生］
命日　昭和一一年（一九三六年）七月一二日　三二歳
戒名　泰山院直指道光居士

水上源一［弁理士］
命日　昭和一一年（一九三六年）七月一二日　二九歳
戒名　源了院剛心日行居士

村中孝次［元将校］
命日　昭和一二年（一九三七年）八月一九日　三五歳
戒名　自性院孝道義運居士

磯部浅一［元将校］
命日　昭和一二年（一九三七年）八月一九日　三三歳
戒名　深廣院無涯菱海居士

北一輝［思想家・社会運動家］
命日　昭和一二年（一九三七年）八月一九日　五五歳
戒名　経国院大光一輝居士

西田税［元将校］
命日　昭和一二年（一九三七年）八月一九日　三七歳
戒名　義光院機猷税堂居士

以上の墓所　賢崇寺〈二十二士之墓〉
　東京都港区元麻布1－2－12
　東京メトロ南北線、都営地下鉄大江戸線「麻布十番」駅から徒歩五分
このほか、各人の故郷にも墓あり

昭和一一年（一九三六年）二月二六日未明、〝昭和維新〟を叫ぶ皇道派の陸軍青年将校らに指揮された決起部隊は、雪降りしきる闇の中、完全武装でそれぞれの営門から出発した。東京・麻布の歩兵第一連隊、歩兵第三連隊、近衛歩兵第三連隊の第七中隊など総勢一四八三人。各隊は青年将校の命令に従い、首相、侍従長、内相、教育総監、蔵相の官私邸を襲撃した。日本国内を揺るがした「二・二六事件」の勃発である。

栗原安秀中尉率いる歩兵第一連隊の主流は、首相官邸を襲って警備の警察官四人を殺した後、松尾伝蔵陸軍歩兵大佐を射殺。岡田啓介首相を殺害したと誤認した。丹生誠忠中尉の一隊は陸相官邸に踏み込み、占拠した。

安藤輝三《あんどうてるぞう》大尉率いる歩兵第三連隊は、侍従長官邸に押し入り、侍従長鈴木貫太郎を拳銃で射撃した。倒れた侍従長に対し、決起の理由を説明した安藤が、軍刀で最期のとどめを刺そうとした時、孝子夫人に「これ以上のことはしなくてよろしいでしょう」と言われ、軍刀を収めた。そして全員不動の姿勢で〝捧げ銃《つつ》〟をし、引き揚げた。

同連隊の坂井直《さかいなおし》中尉の一隊は四谷仲町の内相斎藤実《さいとうまこと》私邸を襲い、斎藤に機関銃を乱射して殺害した。この後、

「二・二六事件」。国会議事堂前を引き揚げる青年将校ら

「軍旗に手向かふな」と書かれたアドバルーン

同グループの高橋太郎少尉らは上荻の教育総監渡辺錠太郎《わたなべじょうたろう》私邸へ押し入り、機関銃を乱射した後、躍り込んで渡辺を銃剣で殺害した。野中四郎大尉らは警視庁を占拠した。

中橋基明中尉は近衛歩兵第三連隊第七中隊を率いて赤坂表町の蔵相高橋是清《たかはしこれきよ》の私邸に乱入し、蔵相を拳銃で撃ち、軍刀でとどめを刺した。

河野寿《こうのひさし》大尉は民間人六人とともに湯河原の旅館で静養中の前内相牧野伸顕《まきののぶあき》を襲い、護衛の警察官を射殺したうえで放火したが、牧野は危うく逃れた。河野は撃たれて重傷。

決起部隊の将校らは陸相官邸で川島義之陸相と会い、決意趣意書を読み上げ、要望書を提出した。天皇は参内した川島に対して「速やかに事件を鎮定するように」と沙汰したが、陸相の曖昧さから天皇の意志が決起部隊に伝わらず、逆に、

「決起の趣旨は天聴に達せられた。諸氏の行動は国体顕現の至情に基づくものと認む」

と通達したので、そのまま占拠地に留まった。

高橋是清

斎藤実

渡辺錠太郎

だが二八日早朝、戒厳令が発せられ、奉勅命令も届かないまま同日夜、戒厳司令官は決起部隊を反乱軍とみなして討伐に乗り出した。

「軍旗に手向かふな」と書かれたアドバルーンが上がり、「朝敵となり故郷の父母らは泣いているぞ」とのビラを読んだ各部隊は、相次いで原隊に復した。最後まで残った安藤隊も、安藤大尉が二九日、自決を図り失敗し、事件はやっと鎮まった。

反乱軍将校は代々木の陸軍刑務所に送られたが、この間に野中四郎、河野寿両大尉は自決した。

陸軍特設軍法会議は同年七月五日、および翌昭和一二年(一九三七年)の判決で、反乱を指揮した香田清貞《こうだきよさだ》大尉ら青年将校一三人と民間人六人(うち元将校三人、元士官候補生一人)に対して死刑の判決を言い渡した。一審、弁護士なしの一方的な裁判だった。

一回目の処刑は、判決から一週間後の一二日早朝、代々木陸軍刑務所の処刑場で、すでに判決が下っていた一七人のうち将校一三人と民間人二人を対象に行われた。五人ずつ目隠ししたまま十字架を背にして並べられ、「天皇陛下万歳」の叫び声とともに、銃殺された。これが三回続き、刑場には銃砲の煙が立ち込めた。

高橋是清の墓

斎藤実の墓

渡辺錠太郎の墓

元将校の村中孝次《むらなかたかじ》、磯部浅一だけは、民間人として法廷に立つ北一輝《きたいっき》と西田税《にしだみつぎ》（元将校）の審理のために処刑を延ばされた。北、西田とも死刑の判決が下り、八月一九日、合計四人が前回同様の形で処刑された。

この事件により軍部の皇道派は壊滅し、統制派も世代交代により新統制派が生まれ、軍部統一による独走へと突き進むことになる。

事件で殺害された高橋蔵相、斎藤内相、渡辺教育総監の三人の墓は、いずれも東京都府中市の多磨霊園にある。高橋の墓は正面に「正二位大勲位高橋是清墓」と刻まれている。斎藤の墓は「従一位大勲位子爵齋藤實墓」、渡辺の墓は「陸軍大将渡邉錠太郎之墓」と刻まれている。

反乱軍とされた青年将校らを祭る〈二十二士之墓〉は東京都港区の賢崇寺にある。どっしりと大きい自然石に彫られている。「二十二士」とは処刑された一九人と、自決した二人、それに昭和一〇年（一九三五年）八月、陸軍省で軍務局長永田鉄山を殺害して処刑された陸軍中佐相沢三郎のことである。碑の裏に命日と氏名が刻まれている。

処刑された青年将校らの墓はそれぞれゆかりの地に建っている。

香田清貞

北一輝

〈二十二士之墓〉

第14墓　阿部定事件——男を殺害し性器を切り取る

阿部定［芸者］
命日、戒名、墓等一切不明（一説に石田の墓に合葬）

石田吉蔵［料理店経営者］
命日　昭和一一年（一九三六年）五月一七日　四一歳
戒名　——
墓所　専光寺〈無縁塔〉　東京都港区元麻布1-7-15
東京メトロ南北線、都営地下鉄大江戸線「麻布十番」駅から徒歩七分

「二・二六事件」の動揺の余波がまだ残る昭和一一年（一九三六年）五月一八日午後四時ごろ、とんでもない事件が起こった。東京市荒川区尾久町四丁目の待合〈満佐喜〉の二階四畳半で、宿泊中の男性客が下半身血まみれになって死んでおり、その一部が切られてなくなっていたのだ。一緒に宿泊したはずの相方の女性の行方はわからない。急報を受けて警察官が現場に赴き、検視したところ、男は紐で首を絞めて殺され、性器が切断され、持ち去られていた。太股に血文字で「定吉二人キリ」と書かれ、左腕に刃物で「定」と刻まれていた。

被害者は中野区新井町の料理店経営者石田吉蔵《いしだきちぞう》（四二歳）と判明した。妻子のいる吉蔵は女性を連れて五月一一日夜から〈満佐喜〉に一週間も居続け、この朝、女性が「買い物に出かけるが、主人を起こさないでほしい」と言い残し、自動車で出かけた。その後、いつまで経っても女性は戻らず、不審に思った宿の者が部屋を覗いて男が死んでいるのを発見したのだった。

警察の捜査で相手の女性は、吉蔵が経営する料理店の従業員阿部《あべ》定《さだ》(三二歳)とわかり、行方を追跡した。事件が新聞に報じられると、世間はそのセンセーショナルな内容に驚愕し、大きな反響を巻き起こした。

犯行から三日後の二〇日、検問中の警官が芝区高輪南町の旅館〈品川屋〉を訪れ、宿泊客を呼び出し尋問したところ、一人の女性が、

「私がお尋ね者の阿部定です」

と名乗ったので、その場で逮捕した。

部屋の枕元に「私の一番好きなあなた。死んで私のものになりました。直ぐに私も行きます。あなたの私より」と書かれた遺書があった。警官が「例のものはどこにあるか」と尋ねると、定は帯のあたりを指し、「ここに」と答えた。切り取られた石田の一部は、紙に包まれて帯に収められていた。

その日の夕方、阿部定の逮捕を告げる号外が町中に飛び交った。翌朝の各新聞は、逮捕されて艶然と微笑む定

逮捕された阿部定

吉蔵が眠る〈無縁塔〉

の写真を載せ、次の見出しで報じた。

妖婦お定遂に就縛
品川駅前の旅館に高飛びもせず潜伏
（『東京朝日新聞』一九三六年五月二一日朝刊）

愛し男を独占して血に笑う魔性の化身
想像も及ばぬ嗜虐性
（『東京日日新聞』一九三六年五月二一日朝刊）

警察の取り調べに対して定は、一七日夜、眠っている吉蔵の首に腰紐を回し、その名を呼びながら力いっぱい引いて殺した、そして男性器を切り取った、と犯行のすべてを自供した。

「別れたらまたしばらく会えない。一緒に死んでくれといっても、どこかへ連れて逃げてくれといっても本気にしない。どうせ添われる仲じゃなし。永遠に自分のものにするには、殺すしかなかったのです」

と述べたという。

定は〝愛人殺し〟という凶行にもかかわらず、不思議な人気を集め、〝あなたの私事件〟と評判になった。

裁判は東京地裁で開かれたが、第一回公判は傍聴人が前夜から並び、やむなく当日午前五時に入廷させる騒ぎになった。

定は犯行のすべてを認めたので、審理は順調に進み、昭和一一年暮れ、懲役六年の判決が言い渡された。検事側も控訴せず、刑が確定した。

栃木刑務所に収監された定は、真面目に務めたので模範囚とされ、それが報道されると定と結婚したいという申し込みの便りが四〇〇通も届いたという。映画会社やカフェからも、出所したらうちで働いてほしいという〝スカウト〟の話まであったという。

定は昭和一六年（一九四一年）五月一七日の紀元二六〇〇年恩赦で出所したが、この日は偶然、犯行の日からちょうど五年目のその日に当たっていた。出所後、定は素性を隠して埼玉県内の男性と結婚したものの、過去が知れて離婚した。これを機に劇団「阿部定一座」を結成して各地を回り、自ら主役として舞台を盛り上げた。

その後、熱海、大阪、東京と流れ歩き、〝阿部定のいる店〟のポスターが電車内に張り出されたりした。後に東京の小料理店に勤め、自身で経営もした。しばらく消息が絶え、戦後の昭和四六年（一九七一年）、千葉県市原市のホテルに勤めたが、突然、置き手紙をして姿を消したという。以後消息は伝えられておらず、年齢からいってもどこかでひっそりこの世を去ったと思われる。

定の墓はどこにあるのか。いまだに不明だが、相手の石田吉蔵の墓だけはわかった。東京都港区の専光寺の〈無縁塔〉に納められていた。同寺の住職の母堂と名乗る女性によると「定さんの遺骨も一時、ここに納められたと聞いております」というが、定がいつ亡くなり、どんな経緯で運ばれたかについては不明という。さらに、二人の遺骨は後年、別のところに移したとも聞いた。いずれにしても定の遺骨がどこにあるかは判然としない。

定の場合、墓の存在などわからない方がいいのかもしれない。もし明らかにされたら、鼠小僧次郎吉や国定忠治の墓のように、〝お守り〟にしようと墓石を削り取る人が現れる恐れもある。そんなことは定も望んではいまい。

第15墓 津山三十人殺し

——横溝正史『八つ墓村』のモチーフに

都井睦雄〔村人〕

命日　昭和一三年（一九三八年）五月二一日　二二歳
戒名　——
墓所　岡山県津山市加茂町倉見
　　中国自動車道「津山ＩＣ」から車で県道を一時間

昭和一三年（一九三八年）五月二一日未明、岡山県苫田郡西加茂村大字行重《ゆきしげ》（現・津山市加茂町行重）で、目を覆うような連続殺人事件が起こった。わずか一時間半の間に、集落の住民三三人が殺傷されるという、世界にも類例がない犯罪の発生に、国内は震え上がった。

犯人はこの集落に住む都井睦雄《といむつお》（二二歳）で、病気のために受けた恥辱と関係を迫って断られた逆恨みによるものだった。犯行の三日前の五月一八日、かねて関係を迫られて断った二人の女性が、たまたま嫁ぎ先から実家に戻ってきた。都井は、復讐するのはいまだ、と決意し、長文の遺書を二通書き上げた（自殺現場にもう一通あり）。「書置」と書かれた一通では、なぜ凶行に及ぶことになったのか、「自分が精神異常者ではなくて前持《ママ》って覚悟の死であること」を明らかにし、「姉上様」と書かれた一通では、祖母を道連れにする不幸を詫び、自殺現場に遺した一通には、

「もはや夜明も近づいた、死にませう」

と書いた。

一九日、都井は部屋に籠もり、犯行の準備に取りかかった。家にいるのは老いた祖母（七六歳）だけ。円筒形の懐中電灯二個を牛の角のようにして装着する鉢巻きを作り上げた。

二〇日午後、村はずれに立つ引き込み電柱の電線をペンチで切断した。夕方になっても電灯がつかないので、集落の人々は不審に思いながらも、電気会社に連絡もしないまま、早めの夕食を済ませて床に就いた。

夜になり、都井は祖母が寝ついたのを確かめると、鉢巻きを頭に巻き、胸に自転車用の角形電灯をぶら下げた。短刀を懐に入れ、弾薬袋を腰にくくりつけ、日本刀を差した。足に巻脚絆をつけ、地下足袋を履くと、猟銃と斧を持った。

すでに二一日午前一時半になっていた。都井は祖母が眠っている六畳間に入り、斧で祖母の頸部を切りつけた。首が飛び、祖母は声もたてず即死した。

都井睦雄

都井睦雄が犯行に及んだ集落

玄関を出た都井は、北隣の岸本宅に侵入し、熟睡していた母（五〇歳）と二人の子ども（一四歳、一一歳）を日本刀で刺し殺した。

次に、積年の恨みを持つ西山家に押し入り、実家に戻っていた長女（二三歳）と父親（五〇歳）を猟銃で射殺し、母（四三歳）と母の妹（二四歳）を日本刀で切り殺した。続いて隣家のもう一軒の岸本家に押し入り、熟睡中の夫婦（二二歳、二〇歳）を刺し殺した。別の部屋で寝ていた夫の甥（一八歳）は撃たれたうえ、銃筒で殴られ即死。夫の母（七〇歳）は刺されて重態。

同姓の家はこれ以降にも出てくるが、すべて親戚である。

集落に銃声と悲鳴が重なり合い、集落の人々は暗闇の中で異常事態が発生しているのを察知した。返り血を浴びた都井は、恐れおののく集落の人々にかまうことなく寺元家に押し入り、逃げる父（六〇歳）ら一家五人を続けざまに射殺。長女（二二歳）だけが逃れて軽傷で済んだ。

さらに隣家のこれも同じ寺元家に入り、母（四五歳）と息子（二一歳）を射殺。三軒目の寺元家の祖父（八六歳）を射殺し、四軒目の寺元家の妻（五六歳）が逃れようとするのを射殺した。難波家では妻（四七歳）と妹（二一歳）、それに泊まりがけで出稼ぎに来ていた女性二人が射殺された。池田家では父（七四歳）、母（七二歳）、妻（三四歳）、四男（五歳）が、岡田家は夫婦（五一歳、三二歳）が同様に射殺された。

被害者は死者三〇人（重傷後死亡を含む）、重軽傷者三人、合計三三人にのぼった。

集落民の一人が六キロの道を走って、津山署加茂巡査駐在所に事件発生を届け出た。本署から署長以下が現地へ急行して、あまりの凄まじさに愕然となった。県警本部はすかさず各署に応援出動を命じた。

夜明けとともに警察官、消防組、青年団など二〇〇〇人による犯人の大捜索が始まった。

午前一〇時半ごろ、西加茂村大字樽井字仙之城の山林で、都井が自分の胸を銃で射抜いて死んでいるのが発見された。

この事件は長くタブー視されたままだったが、戦時中、岡山に疎開していた作家の横溝正史が事件の話を聞き、それをモデルに書いた小説『八つ墓村』によって広く知られるようになった。

事件から既に八〇余年。惨劇の衝撃がいまだに尾を引いているのか、現地を訪れて事件のことを問うても何かを答えてくれる人はいなかった。あるいはもう遠い過去の出来事として葬り去られてしまっていたのかもしれない。

第16墓 病妻を詠んだ『智恵子抄』

——「あなたはレモンを待つてゐた」

高村智恵子［画家・紙絵作家］
命日　昭和一三年（一九三八年）一〇月五日　五三歳
戒名　遍照院念誉智光大姉

高村光太郎［詩人・画家・彫刻家］
命日　昭和三一年（一九五六年）四月二日　七四歳
戒名　光珠院殿顕誉智照居士
二人の墓所　染井霊園　東京都豊島区駒込5－5－1
　JR山手線、都営地下鉄三田線「巣鴨」駅から徒歩七分

平塚らいてうが主催する文芸雑誌『青鞜』創刊号の表紙を描き、時代の先端をいく〝新しい女〟として注目された長沼智恵子《ながぬまちえこ》が、詩人・画家・彫刻家の高村光太郎《たかむらこうたろう》と結婚したのは大正三年（一九一四年）。智恵子二九歳、光太郎三二歳。だが入籍はせず、芸術家同士の〝共棲〟の形を取った。

智恵子は福島県安達郡の酒造業長沼家の長女に生まれ、日本女子大卒。太平洋画研究所で中村不折らに油絵を学び、頭角を現した。光太郎は彫刻家高村光雲の長男で、東京美術学校（現・東京芸大）卒。雑誌『明星』『スバル』に詩歌や美術評論を発表。結婚した年には代表的詩集『道程』を出版し、反響を呼んだ。その後は彫刻に専念したが、民衆派詩人として群を抜く存在だった。

高村夫妻の名声をより高めることになるのは昭和一〇年（一九三五年）、智恵子が統合失調症のため東京・南品川の病院に入院して以降である。智恵子は体調が小康状態になると紙絵を制作して、週に一、二度訪れる光太郎に見せた。光太郎はそれを見ては愛妻を励まし続けた。

だが智恵子は、昭和一三年（一九三八年）夏ごろから高熱が出て、病床に横たわる日が多くなった。そして一〇月五日夜、病状が悪化した。光太郎が五カ月ぶりに訪れると、病床の智恵子は、紙絵の作品を包みにして微笑みながら手渡した。

光太郎がレモンを差し出すと、智恵子はそれを一口、噛んだ。「智恵子さん」と呼びながら光太郎が手を差し出すと、智恵子はその手を握りしめた。そのうち呼吸が乱れてあえぎだし、午後九時、微かに笑みを見せながら智恵子は静かに息を引き取った。死因は粟粒結核だった。

光太郎はその死を嘆き、智恵子を詠んだ詩集『智恵子抄』を発表した。この作品は近代日本を代表する最高峰の詩集といわれる。

高村智恵子と光太郎の墓

《千鳥と遊ぶ》像

その中の一詩「レモン哀歌」は、智恵子の最期となった場面を詠んだものである。

そんなにもあなたはレモンを待つてゐた
かなしく白くあかるい死の床で
わたしの手からとつた一つのレモンを
あなたのきれいな歯ががりりと噛んだ
トパアズいろの香気が立つ（後略）

智恵子から光太郎に手渡された紙絵は千数百点にのぼった。

智恵子を亡くした光太郎は戦後、戦時中に戦争詩を書いたことを悔やみ、岩手県の山中に入り、七年間にわたって自炊生活をしながら自己批判の連詩『暗愚小伝』を書いた。

そして光太郎は昭和三〇年（一九五五年）四月、肺結核を患い入院したが、芸術への意欲を失うことはなかった。体調がよい時は彫刻や詩作にふけった。だが翌三一年四月一日、激しく喀血して危篤に陥り、翌二日未明に亡くなった。妻・智恵子の死から二八年が経過していた。

二人の墓は東京都豊島区の染井霊園にある。垣根を施した塋域《えいいき》の中に、横幅のある万成岩のどっしりした墓石が置かれ、その正面に「高村家」の文字と家紋が刻まれている。ここには彫刻家の父・光雲、歌人で弟の豊周《とよちか》らがともに眠っている。

そばに豊周の歌碑が建っており、「花さすと人はいへともわかつくる壺はもろ手にかき抱くへき　豊」と陽刻されている。

千葉県大網白里市の東金九十九里有料道路下りの今泉パーキングエリアには、光太郎晩年の作品である《千鳥と遊ぶ》と名付けられた光太郎と智恵子の像が建っている。

第17墓　現代漫画の祖と歌人の妻
——自らの信条に生きた一族

岡本かの子［歌人・小説家］
命日　昭和一四年（一九三九年）二月一八日　五一歳
戒名　雪華妙芳大姉

岡本一平［漫画家］
命日　昭和二三年（一九四八年）一〇月一一日　六三歳
戒名　一渓斉万象居士
二人の墓所　多磨霊園　東京都府中市多磨町4-628
京王電鉄京王線「多磨霊園」駅前から京王バス「多磨霊園表門」下車すぐ

ここでは、岡本《おかもと》かの子《こ》、夫・一平《いっぺい》、そして〝昭和〟の枠からはずれるが、長男の岡本太郎《たろう》も加えて、岡本家の親子三人の墓を紹介したい。三人はいま東京都府中市の多磨霊園に眠っている。広い塋域《えいいき》の中でその墓のある一郭だけがなぜか華やいで見える。

岡本一平は現代漫画の祖といわれた。北海道函館市生まれ。東京美術学校（現・東京芸大）西洋画科を明治四三年（一九一〇年）に卒業と同時に二歳下の大貫かの子と結婚。舞台美術の仕事などを続けた後、大正元年（一九一二年）、朝日新聞社に入社し、漫画記者として漫画文「能を訪ねて」などを紙面に掲載した。

その後、単行本『探訪画報』や第一次世界大戦の青島《チンタオ》攻略を描いた『陥落』、漫画漫文集『マッチの棒』などを発刊。

その鋭い描写と文章で政治を批判して読者の共感を呼んだ。

かの子は神奈川県川崎の大地主の娘として、東京の別邸で生まれた。本名カノ。跡見女学校を卒業後、兄・晶川《しょうせん》の影響を受けて文芸に目覚め、和歌を学び、『スバル』の同人になった。一平と結婚した翌年二月、長男・太郎誕生。その年青鞜社に入り、第一歌集『かろきねたみ』を刊行した。昭和四年(一九二九年)、夫、長男とともに三年間にわたり外遊し、昭和一〇年(一九三五年)帰国。以後、小説を書き出し、『阿難と呪仏師の娘』『巴里祭』『鶴は病みき』『母子叙情』『金魚撩乱』などを次々と発表し、〝今紫式部〟とうたわれた。

太郎はこの夫妻の長男として川崎市の母の実家で生まれた。東京美術学校を半年で中退し、両親の渡欧に同行したのを機に、フランス・パリに留まり、そのまま一一年間滞在。抽象芸術運動や超現実主義運動に参加。帰国して戦後は「夜の会」を組織し、独自の芸術論「対極主義」を唱え、異色の芸術家といわれた。

かの子がパリ在住の太郎に出した便りが数多く残されているが、その中の一通を紹介しよう。

パパおとなしいよ。いい子だよわり合いに、おまえの事考えて時々ぼんやりしてるよ。そして二人でといいよりみたいに子が無いことの愚痴(グチ)を云うよ。察しなさいよ。

遠き巴里の子よ想へかしふるさとの夜ふかき家に茶をのむ父母　かの子

(岡本太郎『母の手紙』より)

かの子の体調が急変したのは昭和一三年(一九三八年)暮れ。神奈川県の三浦半島に出かけ、旅館で強度の脳充血のため倒れて、自宅に運ばれた。

以後、安静にしていたが、翌一四年(一九三九年)二月一七日未明、病状が急変し、東京帝大附属病院小石川分院に運ばれた。しかし手当てのかいなく、翌一八日午後一時半、夫一平らに看取られながら息を引き取った。五一歳だった。

母の訃報をパリで受け取った太郎は「身体のしんが崩れ落ちたようにへたば」り、母が詠んだ次の短歌を思い出す。

うつし世に人の母なるわれにして手に觸《さや》る子の無きが悲しき　（『母子叙情』）

そして母を思い出す度に、太郎は「絶望と奮起を感じる」のだった。

一平が亡くなったのは太平洋戦争をまたいだ戦後の昭和二三年（一九四八年）一〇月一一日午後六時ごろ。小説『迷信一休』を書き上げてほっとし、上機嫌で好きな熱い風呂に入った。ところが間もなく脳溢血で倒れ、意識がなくなった。家人が近所の病院へ運び込んだが、同日六時四〇分、亡くなった。六二歳だった。

岡本家の三人

岡本一平の墓（右）。大阪万博を思わせる《顔》。左の観音像がかの子の墓

向かい合って立つ長男、岡本太郎の墓。自作の《午後の日》が墓に用いられている

葬儀が行われ、出棺になった。以下、岡本太郎著『母の手紙』から引く。

いよいよ出棺の時になって、私は人々に言った。「おやじは立派に仕事を成し遂げて死んで行ったのです。おやじ自身、死ぬことをいつも凱旋だと言っていました。皆さん、こんなことは普通のことではないでしょうが、おやじにとってはこれは晴の出発ですから、岡本一平万歳を三唱して下さい。」

万歳がおわると、しばしの間声がなかった。皆泣いた。

時が流れ——。岡本太郎が亡くなるのは平成八年（一九九六年）一月七日。八四歳だった。

東京都府中市の多磨霊園にある岡本一族の墓のうち一平の墓は、大阪万博のモニュメント《太陽の塔》を思わせる、長男太郎が彫刻した作品《顔》である。その独特な造形の台座には、大きく「一平」と刻まれている。

その左隣にはかの子の墓がある。右手を下にし左手に花を持った観音像が彫られた墓である。

そして両親の墓の真向かいに彫刻家である長男岡本太郎の墓がある。作品《午後の日》を墓標に用いたものだ。肘をついた子どものように見えて思わずなごむ。

霊園を訪れたのは初秋の昼下がり。静まり返った雰囲気の中で、ここだけが別世界のように輝いて見えた。

第18墓　野球大会で球聖逝く
――函館太洋の久慈次郎、牽制球に当たって

久慈次郎［社会人野球選手］
命日　昭和一四年（一九三九年）八月二一日　四二歳
戒名　久遠院栄誉球道慈風居士
墓所　称名寺　北海道函館市船見町18－14
　　　JR函館本線「函館」駅前から市電「函館どつく前」下車、徒歩一〇分

昭和一四年（一九三九年）八月一九日、北海道樺太実業団野球大会が札幌神社外苑球場（現・円山球場）で開催された。一回戦第三試合は函館太洋《オーシャン》倶楽部対札幌倶楽部。先攻の函館太洋の兼任監督の久慈次郎《くじじろう》は、先発メンバーからはずれ、ベンチで指揮をとっていた。

試合は函館太洋倶楽部が札幌倶楽部に二対一でリードされていた五回、久慈が一塁の守備についた。そして七回、函館太洋に反撃の好機が巡ってきた。先頭打者がショートのエラーで出塁し、次の打者は久慈。その第一球目に走者が盗塁に成功した。一打同点の好機である。相手ベンチは久慈との勝負を避けて敬遠した。久慈はバットを置き、一塁に歩きかけて立ち止まり、次打者に何事か声をかけようと振り返った瞬間、捕手の二塁へ向けて投げた牽制球が、久慈の右こめかみを直撃した。

一瞬の出来事だった。久慈はそのままホームベース近くに倒れ込んだ。審判からタイムが宣告され、両軍選手が駆け寄り、意識を失ったままの久慈を抱えてバックネット裏に移した。救急車で札幌市立病院に運ばれた久慈

はいったん意識を取り戻したが、

「頭が痛い……」

と言い、再び深い眠りに落ちた。

すぐに手術が行われたが、右こめかみの骨が三つに折れていて、脳の表面の出血がひどく、危険な状態だった。試合はコールドゲームとなり、両軍選手が病院に駆けつけ、輸血に協力した。

翌朝、医師は骨折した骨の破片の摘出手術を始めたが、出血はやまず、動脈硬化の恐れが出てきた。選手たちから採血された血が久慈の体内に送り込まれた。

二一日午前九時七分、久慈は意識を回復することなく、駆けつけた身重の妻カヨや子どもたちが見守る中で、息を引き取った。

『北海タイムス』はその日の夕刊で大々的に報じた。

久慈次郎

久慈次郎の墓

けさ、久慈選手逝く
本道球史に輝く足跡

久慈次郎は盛岡中学から早稲田大学に進み、名捕手として鳴らした。卒業後、函館太洋に入り、都市対抗野球の常連として活躍した。昭和九年（一九三四年）秋、読売新聞がアメリカ選抜チームを招聘した際、急遽、全日本チームが結成された。久慈は主将になり、アメリカ選抜チームとの試合に臨んだ。その第二戦は函館で開催された。この年の三月に函館大火が起こり、落胆している市民を励まそうと、久慈が主催者に頼み込んで実現したものだった。試合の結果、全日本チームは全一八試合すべてに敗れた。

これを機に日本にもプロ野球創設の機運が高まり、久慈は大東京倶楽部（後の巨人軍）の主将として参加することになる。しかし函館大火で疲弊した故郷を捨て去ることができずに函館太洋に舞い戻る。以後は函館で社会人野球一筋に生きた。

久慈の死は野球ファンだけでなく、多くの人々に衝撃を与えた。

遺体は臨時列車で札幌から函館まで運ばれ、自宅に戻った。翌朝、柩は函館商のラッパ鼓隊を先頭に、哀しみに包まれながら葬儀場の称名寺に向かった。沿道はすすり泣く大勢の市民の声で溢れた。

久慈の死から三カ月後、妻・カヨは男の子を出産した。カヨはこの子を夫の生まれ変わりと信じて、夫と同じ〝次郎〟と名づけた。

墓は、久慈がこよなく愛した野球にちなみ、ボール型の丸いものにし、花立てはバット型に、骨入れ口はホームベース型に、線香立てはミット型にした。

函館の千代ヶ岱野球場は函館太洋《オーシャン》スタジアムとも呼ばれる。球場の入口にミットを構えた久慈次郎像があり、「球聖久慈次郎」の文字が刻まれている。巨人軍の監督を務めた水原茂の筆によるものである。

昭和三四年（一九五九年）、東京・後楽園球場近くに野球体育博物館（現・野球殿堂博物館）が設けられ、野球殿堂が生まれた。第一回表彰者九人が顕彰されたが、その中に久慈も含まれている。都市対抗野球大会の久慈賞は、久慈の敢闘精神を讃えて優秀選手に贈られる賞である。

第19墓　ソ連船遭難事故——荒れる海で必死の救助活動

〈インディギルカ〉号乗船者

命日　昭和一四年（一九三九年）一二月一二日
慰霊碑　〈インディギルカ号遭難者慰霊碑〉
北海道宗谷郡猿払村浜鬼志別214－7　道の駅「さるふつ公園」内
JR宗谷本線「音威子府」駅前から宗谷バスで二時間余、「さるふつ公園前」下車すぐ

昭和一四年（一九三九年）一二月八日、オホーツク海を航海中のソ連（現・ロシア）船〈インディギルカ〉号（四二〇〇トン、約一二〇〇人乗り組み）が、低気圧に襲われて舵がきかなくなり、南へ流された。

船は吹雪の中、流されて日本領海に入り込み、一二日午前一時半ごろ、北海道宗谷郡猿払《さるふつ》村浜鬼志別《はまおにしべつ》沖で船底を暗礁に打ちつけ、傾いた。間もなく割れた船尾から浸水が始まり、大きく横倒しになったまま潮流に押されて沖合八〇〇メートルの浅瀬に乗り上げた。その衝撃で真っ暗な海に投げ出される者が続出し、船内は混乱に陥った。

この時期、日中戦争が起こり、日本は中国と戦争状態に入っていた。その最中にソ連と満州（現・中国東北部）の国境ノモンハンで国境警備の関東軍（日本軍）がソ連軍の猛攻で壊滅状態になった。新たに投入した部隊もソ連軍に包囲されて二万人の死者を出していた。ソ連に対する日本の国民感情は最悪だった。

インディギルカ号が目の前の海で座礁した猿払村では、村長以下が総出で浜鬼志別へ赴き、警防団、消防団、青年団、漁業組合らにより救援体制を整えた。だが強風で救出の船を出すこともできない。そのうち浜辺におび

ただしい数の遺体が漂着しだした。

稚内警察署から報告を受けた北海道庁外事課は、遭難船がソ連船だけに、どう対処すべきか判断できないまま、外務省と打ち合わせを行い、一四時間も経過した午後四時半過ぎに、ソ連函館領事館と東京のソ連大使館に通報した。

その経過を知らない猿払村の救援隊は、救急船のくるのが遅過ぎると不満を漏らしていた。そして風波の様子を見ながら決死の覚悟で船を出し、横倒しの船に近づいて何人かを救い出した。

翌朝やっと救助船三隻が到着して、本格的な救助作業が始まった。二隻が交替に横倒しのソ連船に横付けして、船内にいる女性、子どもを含むソ連人を次々に救出し、もう一隻の船に移した。この救出作業で救われた人は、村人が救助した人も含めて四三〇人にのぼった。救助された人々は小樽まで運ばれた。

浜辺に打ち上げられた遺体は何カ所かに集められ、荼毘《だび》にふされた。荼毘の煙は連日のように天空を黒く覆った。

この事故は新聞でも大々的に報じられた。しかし死者数ははっきりとはわからず、最終的に七〇〇余人と推定された。乗船者数そのものが判然としなかったからである。

猿払村は遭難から三二年が経過した昭和四六年（一九七一年）、この凄惨な事故を後世に伝えようと、オホーツク海を望む浜鬼志別の地に〈インディギルカ号遭難者慰霊碑〉を建立した。除幕式には命を救われたソ連人たちが来日し、感謝の言葉を述べた。

猿払村ではいまも毎年七月に「インディギルカ号慰霊祭」が催されており、日本とロシアをつなぐ友好の架け橋となっている。

慰霊碑へ赴くには、ＪＲとバスを乗り継いでも行けるが、車で行くことをお勧めしたい。稚内から国道二三八号を走り、日本最北端の宗谷岬へ。そこから海沿いに二九キロ南下すると浜鬼志別に至る。

〈インディギルカ号遭難者慰霊碑〉

横倒しになった〈インディギルカ〉号

第20墓　四高ボート部遭難事故
——『琵琶湖哀歌』と〈四高桜〉

〈加茂〉号乗船者

命日　昭和一六年（一九四一年）四月六日
慰霊碑　〈四高桜〉　滋賀県高島市萩の浜
　　ＪＲ湖西線「近江高島」駅から徒歩一八分

昭和一六年（一九四一年）四月六日午前七時四五分ごろ、滋賀県の琵琶湖でボート合宿をしていた第四高等学校（現・金沢大学）のボートが今津から漕ぎだされた。ボートは京都大学所有の〈加茂《かも》〉号で、四高漕艇班の生徒八人、四高ＯＢのコーチ、それに四高ＯＢの京都大学の学生ら合わせて一一人が乗っていた。四高は全国高等学校競艇大会で五度優勝し、その年も連覇を狙う有力候補とされていた。

訓練は三日間の日程で琵琶湖西岸を遠漕するものだった。初日は大津を出て今津まで行き、二日目は悪天候のため中断。三日目のこの日は計画を変更して、今津から近江舞子まで行き、そこから大津に戻ることになっていた。

ボートは陸地から二〇〇メートルほど離れた湖面を南へ進んだ。ところが途中からその行方がわからなくなった。昼を過ぎてもボートは近江舞子に着かず、陸上連絡員から京大合宿所を経て沿岸の各警察署に届けられた。太湖汽船会社が湖面を調べたが、何の手がかりもなかった。

翌七日夕方、愛知《おち》郡島村の漁民が沖島《おきのしま》に近い湖面に、赤いオールが一本、浮かんでいるのを発見した。また島村警防団員が沖島とその付近の沿岸で、下駄、洗濯板、弁当箱を発見した。加茂号は遭難したものと判断された。八日朝から捜索が始まり、湖東の新海の沿岸に漂着している無人のボートが発見された。午後五時ごろ、湖西の高島郡大溝町萩の浜沖一キロ付近で、同乗の京大生福富不二男（二三歳）の遺体とボートの舵が発見され、収容された。

これによりボートは午前九時四〇分ごろ、今津から一二キロほど進んだあたりで、比良おろしの突風による高波を受けて転覆したものと推定された。

その後も連日、大がかりな捜索が続けられ、一〇日に一人、一一日に二人の遺体が発見された。だがその後は見つからない。捜索隊は遭難から四〇日余り経った五月一八日から捜査箇所を沖合に移し、六月一〇日までに全員の遺体を収容した。実に二カ月に及ぶ捜索だった。

数多くの若い命を奪ったこの遭難事故は、日本の人々を悲しみの底に突き落とした。遭難直後、テイチクレコードは『琵琶湖哀歌』を発売した。作詞は滋賀県出身の奥野椰子夫《やしお》、作曲は菊池博、歌唱は東海林太郎と小笠原美都子。『琵琶湖周航の歌』と『七里ヶ浜の哀歌』を混在させた感じの歌だが、これが爆発的にヒットした。

だが四高は、商業ベースでない本物の哀悼歌がほしいとして全校から募集し、結局これという作品がなかったので、教授から指名された三年生の石上晃と満島俊次が三日間で作詞し、OBの加藤二郎がこれも三日間で作曲した。

思い出づる調べも哀し
春浅く　水藻漂う志賀のうみ
かの日風立ち雲たれて
呼びこたうこだまのみ

たそがれに流れいゆきぬ
（石上晃・満島俊次作詞、加藤二郎作曲『四高漕艇班遭難追悼歌』より）

この歌は『琵琶湖哀歌』のようなヒットにはならなかったが、地元の人々の胸を激しく揺さぶった。いまもこの歌を口ずさむ人は多い。

事故の翌年、昭和一七年（一九四二年）春、四高関係者の基金により、萩の浜に至る道路沿いにサクラの苗木一〇〇〇本が植えられ、萩の浜にほど近い松林を背景に慰霊碑〈四高桜〉が建立された。サクラは成長して見事なサクラ並木となった。

だが時が流れ、サクラはしだいに枯れたため、昭和五八年（一九八三年）秋、四高同窓会により「びわ湖四高桜保存会」が結成され、サクラ並木は蘇り今に至っている。

遭難事故が起こった琵琶湖

慰霊碑〈四高桜〉

第21墓　〝空の軍神〟死す――隼戦闘隊長の壮烈な最期

加藤建夫［軍人］
命日　昭和一七年（一九四二年）五月二二日　四〇歳
諡号　加藤建夫命
墓所　愛宕墓地　北海道旭川市豊岡10条4丁目
JR函館本線「旭川」駅前から路線バス「豊岡12条3丁目」下車、徒歩三分
墓所　多磨霊園　東京都府中市多磨町4－628
京王電鉄京王線「多磨霊園」駅前から京王バス「多磨霊園表門」下車すぐ

エンジンの音　轟々と　隼は征く　雲の果て（軍歌『加藤隼戦闘隊』）

『加藤隼戦闘隊』は軍歌の代表作といわれ、多くの国民に愛され、歌われた。その隼戦闘隊の隊長が陸軍中佐、加藤建夫《かとうたてお》である。戦死して二階級特進して少将になり、〝軍神〟と崇められた。

太平洋戦争最中の昭和一七年（一九四二年）五月二二日、隼戦闘隊長加藤建夫は南方戦線のビルマ・インド国境に出撃した。加藤の最期を部下の檜與平《ひのきよへい》が書き残している。その部分を要約して掲げる。

午後二時ちょっと前であった。雲の底からキイーン、キイーンと金属性の爆音が聞こえてきた。

「敵機！」

叫ぶまもなく暗灰色の雲の峰がくれに、敵のブレニム爆撃機一機が出現した。（中略）

戦隊長は、二人の部下の戦列離脱を見て、
――おのれ逃がしてなるか、部下の仇！
とばかり、肉を斬らして骨を断つ、必殺、捨て身の戦法で、後上方から肉薄攻撃をかけた。（中略）
戦隊長機は、さっと翼をひるがえして、敵機から離脱した。そして二百メートル上空におどり上がった。
そのとき、戦隊長機もまた右翼から、とつぜん火を発した。（中略）
ベンガル湾の波濤のうえ二百メートルの高度で浮いているかのように見えた戦隊長機が、目前にある陸地の方へは機首を向けようともせず、その低空で、いきなりくるりと反転したかと見るまに、機首を垂直に立てて海中ふかく突っ込んでいった。それは、あっけないほど、すばやい最後であった。

（檜與平『隼戦闘隊長加藤建夫――誇り高き一軍人の生涯』より）

加藤建夫

加藤建夫の墓（愛宕墓地）

大本営は戦死から二カ月後に、加藤を陸軍将校初の二階級特進の少将とし、〝空の軍神〟と讃えた。戦果として中国戦線で撃墜五〇機、撃破二機、太平洋戦線で撃墜一〇九機、炎上五二機、撃破五五機にのぼると発表した。

加藤の葬儀は、昭和一七年九月二二日、東京・築地で初の陸軍葬として執り行われた。新聞は「空の軍神、隼戦闘隊長加藤建夫少将　全戦局に至大の貢献」と大見出しで伝えた。

加藤は北海道上川郡東旭川村(現・旭川市東旭川町)の屯田兵一家の三男に生まれた。父は日露戦争で戦死したため、母は黒髪を切り落とし、三人の男の子を仏壇前に座らせ、立派な軍人になるように、と決意を促したという。

加藤は旭川中学(現・北海道旭川東高等学校)三年の時、仙台の陸軍幼年学校に入り、その後陸軍士官学校に学び、卒業後、航空兵科を志願した。昭和一六年(一九四一年)春、飛行隊第六四戦隊長となり、加藤隼戦闘隊を率いて戦果を挙げ、銃後の国民を熱狂させた。

加藤の墓は二つある。一つは出身地の北海道旭川市の愛宕墓地にある墓。柱型の背の高い墓で、正面に「陸軍

加藤建夫の墓(多磨霊園)

少将加藤建夫之墓」と刻まれている。もう一つは東京都府中市の多磨霊園にある墓。「加藤家之墓」と刻まれているだけで、武人を思わすものはなく、見落としそうな墓である。

第22墓　浪漫派歌人の代表格
――「君死にたまふことなかれ」で戦争を批判

与謝野晶子［歌人］
命日　昭和一七年（一九四二年）五月二九日　六五歳
戒名　白桜院鳳翔晶耀大姉
墓所　多磨霊園　東京都府中市多磨町4－628
京王電鉄京王線「多磨霊園」駅前から京王バス「多磨霊園表門」下車すぐ

与謝野晶子《よさのあきこ》は大阪・堺の生まれ。旧姓は鳳《ほう》。堺女学校卒業後に浪華青年文学会に入り、明治三二年（一八九九年）、歌壇の革新を狙う与謝野鉄幹（本名・寛）の新詩社に参加し、創刊した機関誌『明星』に短歌を発表した。

翌年、女性の官能をおおらかに詠んだ処女歌集『みだれ髪』を刊行して、浪漫派歌人としてのスタイルを確立した。鉄幹と結婚。与謝野姓となる。

明治三七年（一九〇四年）、日露戦争が起こり、実弟が召集されたのを知り、嘆きのあまり次の詩を詠み、『明星』に掲載した。

ああ、弟よ、君を泣く、
君死にたまふことなかれ。
末に生れし君なれば、

親のなさけは勝りしも、
親は刃《やいば》をにぎらせて
人を殺せと教へしや、
人を殺して死ねよとて
廿四までを育てしや。
（与謝野晶子「君死にたまふことなかれ」より）

この詩歌は、国中が戦争へまっしぐらに駆け出し、戦意を高揚させる空気が国内に充満する中、詠まれたものだけに、大きな波紋を巻き起こした。

晶子は短歌、詩作、評論などの作品作りにエネルギッシュに取り組み、女性解放思想家としても活躍した。夫妻で全国各地を回り、短歌を詠んだ。大正から昭和初期にかけては平明で観念的な作風に変わったとされる。

昭和一〇年（一九三五年）三月中旬、夫妻は遠来の客とともに神奈川県横須賀市観音崎や久里浜などを旅した。その旅で鉄幹は感冒にかかり療養するが、二週間後の同月二六日、心臓麻痺で急逝した。六二歳だった。

晶子は夫鉄幹を亡くしてからも、明星派の歌人として重きをなし、作風は円熟したものになった。代表歌集は『小扇』『恋衣』『舞姫』『夢の華』『常夏』『佐保姫』『城桜集』など数多い。

晶子が脳溢血で倒れたのは昭和一五年（一九四〇年）五月。以来、東京都杉並区荻窪の自宅で静養していたが、昭和一七年（一九四二年）五月二九日早朝、狭心症に尿毒症を併発して亡くなった。

晶子が亡くなった時、詩人の高村光太郎は哀しみを込めて、次の詩を詠んだ。

――五月の薔薇匂ふ時

与謝野晶子

与謝野晶子の墓（右）と鉄幹の墓（左）

夫人ゆきたまふ。
夫人この世に来りたまひて
日本に新しき歌うまれ、
その歌世界にたぐひなきひびきあり
らうたくあつくかぐはしく
つよくおもく丈ながく
艶にしてなやましく
はるかにして遠く
殆ど天の声を放ちて
人間界に未曾有の因陀羅網を顕現す。（後略）

（高村光太郎「与謝野夫人晶子先生を弔ふ」より）

晶子の墓は東京都府中市の多磨霊園に、夫の鉄幹と並んで建っている。低い石垣に囲まれた広くゆったりした塋域《えいいき》の中に、駒型をした墓が並んでいる。石材で囲まれた立派なもので、正面に「与謝野晶子之墓」と刻まれている。その左手に「与謝野鉄幹之墓」がある。鉄幹の戒名は冬柏院雋雅清節大居士である。

墓前にはめ込まれた大理石に、晶子の和歌が自筆で刻まれている。夫鉄幹の大理石には鉄幹の和歌が、晶子の文字で刻まれている。

今日もまた過ぎし昔となりたらばならびて寝ねん西のむさし野（晶子の和歌）

なには津に咲く木の花の道なれどむぐら茂りき君が行くまで（鉄幹の和歌）

第23墓　稀代の"天才詩人"——視力を失うも歌作に没頭

北原白秋［詩人・歌人］
命日　昭和一七年（一九四二年）一一月二日　五八歳
戒名　——
墓所　多磨霊園　東京都府中市多磨町4－628
京王電鉄京王線「多磨霊園」駅前から京王バス「多磨霊園表門」下車すぐ

北原白秋《きたはらはくしゅう》は本名・隆吉《りゅうきち》。熊本県玉名郡関外目村（現・南関町《なんかんまち》）で父長太郎の長男に生まれ、間もなく実家の福岡県柳川市に移る。同家は江戸時代から栄えた海産物問屋で、酒屋も営んでいた。

白秋は県立伝習館中学三年の時、詩歌に熱中しだし、雑誌『文庫』や『明星』を読みまくる。明治三二年（一八九九年）、北原家が火災に遭い、家運が傾きだすが、詩歌作りを続け、同人雑誌に詩文を掲載する。この時、初めて「白秋」の号を用いる。

明治三七年（一九〇四年）、長詩「林下の黙想」が『文庫』四月号に掲載され、感激した白秋は父に無断で中学を退学し、早稲田大学英文科予科に入学。詩『全都覚醒賦』が『早稲田学報』懸賞一等になり、新人歌人として注目される。

明治四二年（一九〇九年）、実家が倒産。白秋はそれに揺るがず初の詩集『邪宗門』で詩壇にデビューし、その官能的で異国情緒豊かな作風は多くの人々を魅了した。上田敏は「若き天才歌人の出現」と絶賛した。だが翌年、『屋上庭園』二号に掲載した詩「おかる勘平」が風俗紊乱に当たるとして発売禁止に。

大正二年（一九一三年）、初の詩集『桐の花』を出し、その叙情的な歌風が評判になる。同時に詩集『東京景物及其他』を発刊。その後、『雲母集』『白南風』などを続けて発刊した。

大正七年（一九一八年）、鈴木三重吉に勧められ、雑誌『赤い鳥』に新作童謡を発表した。その詩に作曲家の山田耕筰らが曲をつけて全国に流布したので、子どもたちが口ずさむほどになり、白秋の名はあっという間に広まった。詩だけでなく短歌も数多く手がけ、室生犀星、萩原朔太郎など優れた詩歌人を育てた。晩年は雑誌『多磨』を創刊して、浪漫精神の復興に努めた。民謡にも目を向け、「ちゃっきり節」などを作った。

昭和一二年（一九三七年）、糖尿病と肝臓病の合併症のため眼底出血を起こして入院、視力をほとんど失うが、それでも歌作りに没頭した。

折しも日本が戦争へ歩みを強めだした時期で、昭和一三年（一九三八年）、ドイツのヒトラー・ユーゲントの来日時には『万歳ヒットラー・ユーゲント』を作詞し、日中戦争が起こる昭和一五年（一九四〇年）には日本文化中央連盟の委嘱で交声曲『海道遠征』（曲・信時潔《のぶとききよし》）を作詞するなど、国家の戦争路線に加担する形となった。

昭和一六年（一九四一年）、墓参のため帰郷するが、暮れになり病状が悪化する。それでも依頼されて「愛国百人一首」編纂の選者の一人になる。病床で発作に悩まされながら、なおも執筆や編集を続けた。

亡くなる前日の夜、自宅で猛烈な発作を起こし、それがようやく収まった昭和一七年（一九四二年）一一月二日朝、白秋は周囲を眺めて「みんないるな」と言い、息子の隆太郎に窓を開かせて、外気に触れながら、

「ああ、蘇った、蘇った。私の輝かしい記念日だ」

と言った。それからわずか三〇分後の午前七時五〇分、忽然と息を引き取った。

墓は東京都府中市の多磨霊園にある。白御影石の台座の上に、黒の玉石で半円形に固められた石塚がどっしり載っている豪華な墓で、台座に活字体で横書きに「北原白秋墓」と陰刻されている。いままで見たこともない墓である。後に墓の設計者は版画家の恩地孝四郎《おんちこうしろう》と日本画家の白山春邦《しらやましゅんぽう》と教えられた。だが戒名の文字は崩れて読み切れなかった。

北原白秋

北原白秋の墓

第24墓　海軍元帥の戦死
——米軍による報復作戦のターゲットに

山本五十六［軍人］
命日　昭和一八年(一九四三年)四月一八日　六〇歳
戒名　大義院殿誠忠長陵大居士
墓所　多磨霊園　東京都府中市多磨町4-628
京王電鉄京王線「多磨霊園」駅前から京王バス「多磨霊園表門」下車すぐ
墓所　長興寺　新潟県長岡市稽古町1636
JR信越本線「長岡」駅より徒歩一五分

大本営発表(昭和十八年五月廿一日十五時)　連合艦隊司令長官海軍大将山本五十六は本年四月前線において全般作戦指導中敵と交戦飛行機上にて壮烈な戦死を遂げたり

昭和一八年(一九四三年)五月二二日の『毎日新聞』の朝刊は、四頁建ての紙面のほとんどを使って、一カ月前に起こった連合艦隊司令長官山本五十六《やまもといそろく》の戦死を、以上のように報じた。太平洋戦争緒戦のハワイの真珠湾攻撃をはじめ、ジャワ沖海戦、スラバヤ沖海戦——と日本に連戦連勝をもたらし、〝敗北を知らぬ英雄〟と讃えられていた司令長官だっただけに、国民が受けたダメージは大きかった。

四月一八日朝、山本は前線部隊の士気を鼓舞するため、幕僚とともに爆撃機二機に分乗し、ヘンダーソン飛行場を飛び立ち、ラバウルのブーゲンビル島のブイン基地に向かった。この山本の行動は極秘にされていたが、アメリカ軍は日本軍の無線電信を傍受し、暗号を解読して、山本機を待ち伏せして撃墜したのだった。

アメリカにとって山本は、パール・ハーバー（真珠湾）攻撃における〝悪魔の化身〟であり、〝ゲット・ヤマモト（山本を屠れ）〟がアメリカ軍の合言葉になっていた。

山本は非常に几帳面な性格で、つねに細かい計画を立てて行動した。それを熟知していたアメリカ軍は、暗号からその計画を割り出し、極秘に行動したのである。以下、アメリカ側の資料をもとに経過を述べる。

アメリカ海軍省二二四六号（諜報局暗号解読班）は四月一七日、大本営が発した山本の行動予定を示す暗号電文を解読し、直ちに大統領ルーズベルトに伝えた。大統領から太平洋戦線司令長官ニミッツ提督を経て、南太平洋艦隊司令長官ハルゼーに伝えられ、ガダルカナル島ヘンダーソン空軍基地司令官マーク・ミッチャー提督に攻撃命令がくだった。

行動予定によると、山本長官機ら二機のブイン到着時刻は一八日午前九時四五分。使用機は三菱重工業製の双

山本五十六

山本五十六の墓

発爆撃機。山本のほかに宇垣参謀長ら幕僚など連合艦隊最高首脳部八人が分乗している。護衛機は零戦九機。

銃撃命令を受けた空軍大尉ランフィア二世は、四機のP－38双発戦闘機を指揮して午前七時二五分、同基地を飛び立った。護衛する戦闘機の一個中隊一二機が、それを追って飛び立った。

ブーゲンビル上空に達した予定時間に、長官護衛機の零戦二機が見えた。右方二マイルのほぼ同じ高度に達した時、相手が気づいて行動を起こした。

着陸態勢に入った長官機を狙ってランフィア機が猛攻を加えた。長官機は急降下してジャングルすれすれに基地へ向かったが、銃撃を受けて火を噴き、胴体は火だるまになり、ランフィア機と接触しそうになりながら密林の中に落下し、炎上。乗っていた三人とも戦死した。

宇垣機も被弾して海中に突っ込み、二人が戦死。宇垣ら三人は危うく助かったが、護衛の零戦機にも被害が出て、合計二〇人が戦死した。

日本側にとっては想像もできない悪夢のような出来事といえた。

山本の遺体は翌一九日午後二時ごろ、日本軍の捜索隊により発見された。遺体は機外にあり、座席に腰をかけ、軍刀を握りしめていたという。

山本の死は一カ月間伏せられてから発表された。大本営発表の翌朝、全新聞は揃って一面トップで報じた。山本は元帥《げんすい》の称号を与えられ、葬儀は国葬により執り行われることになった。国民は英雄の死に悄然となった。

『朝日新聞』の見出しは次のようなものである。

噫《ああ》山本五十六元帥

元帥府に列せられ　特に国葬を賜ふ

壮烈・飛行機上で戦死　前線で全般作戦指導中

―

（『朝日新聞』一九四三年五月二二日朝刊より）

『朝日新聞』はさらに後任の人事や海軍大臣の談話、海軍大将の思い出などを掲載し、その死を悼んだ。墓は東京都府中市の多磨霊園にある。灯籠が両脇に置かれた立派な墓で、正面に「元帥海軍大将勲一等大勲位正三位山本五十六墓」と刻まれている。故郷の新潟県長岡市の長興寺にも墓がある。

第25墓　代議士の割腹自殺――「戦時宰相論」で首相を批判

中野正剛［政治家］
命日　昭和一八年（一九四三年）一〇月二七日　五八歳
戒名　無量院釋正剛居士
墓所　多磨霊園　東京都府中市多磨町4－628
京王電鉄京王線「多磨霊園」駅前から京王バス「多磨霊園表門」下車すぐ

福岡県選出代議士の中野正剛《なかのせいごう》が、東京都渋谷区代々木本町の自宅で割腹自殺したのは、昭和一八年（一九四三年）一〇月二七日朝。論文「戦時宰相論」に「難局日本の名宰相は絶対に強くなければならぬ」と書き、総理大臣東條英機を厳しく批判し、自ら死んでいったのだった。

当時新聞記者だった中野は大正九年（一九二〇年）、衆議院福岡県選挙区より立候補して当選、代議士になった。以降当選八回。無所属倶楽部から民政党に入党し、昭和五年（一九三〇年）暮れ、岩槻内閣が倒れると同党を離脱し、国民同盟、そして東方会を結成して統令に就任。昭和一五年（一九四〇年）に大政翼賛会常務理事になるが、翌年、辞任して東方同志会を結成して会長になった。

太平洋戦争が始まり、戦局はしだいに厳しさを増していった。ガダルカナル、ミッドウェーの敗戦で「このままでは日本は負ける」と考えた中野は、昭和一七年（一九四二年）一月、早稲田大学講堂で「天下一人を以て興る」と題して演説会を開いた後、昭和一八年元旦の『朝日新聞』に論文「戦時宰相論」を発表し、東條総理の政策を批判した。その一部を掲げる。

日露戦争に於て桂公（桂太郎）は寧ろ貫禄なき宰相であった。彼は孔明のやうに謹慎には見えなかつたが、陛下の御為に天下の人材を活用して、専ら実質上の責任者を以て任じた。（中略）桂公は横着なるかに見えて、心の奥底に誠忠と謹慎とを蔵し、それがあの大幅にして剰す所なき人材動員となつて現はれたのではないか。難局日本の名宰相は絶対に強くなければならぬ。強からんが為には、誠忠に謹慎に廉潔に、而して気宇広大でなければならぬ。

（中野正剛「戦時宰相論」より）

これを読んだ東條は激怒し、即日、新聞を発売禁止処分にした。一〇月二一日、中野は〝流言飛語をなす者〟として憲兵隊に逮捕され、五日間にわたり厳しく取り調べられた。二六日、釈放された中野は同夜、自宅に戻ると、入浴してから、郷里の黒田藩士族が着用した紋付き羽織袴を身につけ、隣室にいた息子に、色紙を二枚持ってくるように言い、色紙に一筆書いた。

それから中野は、奥八畳間の寝室に入り、家人が寝静まったのを見計らい、日本刀の鞘をはらって腹を真一文

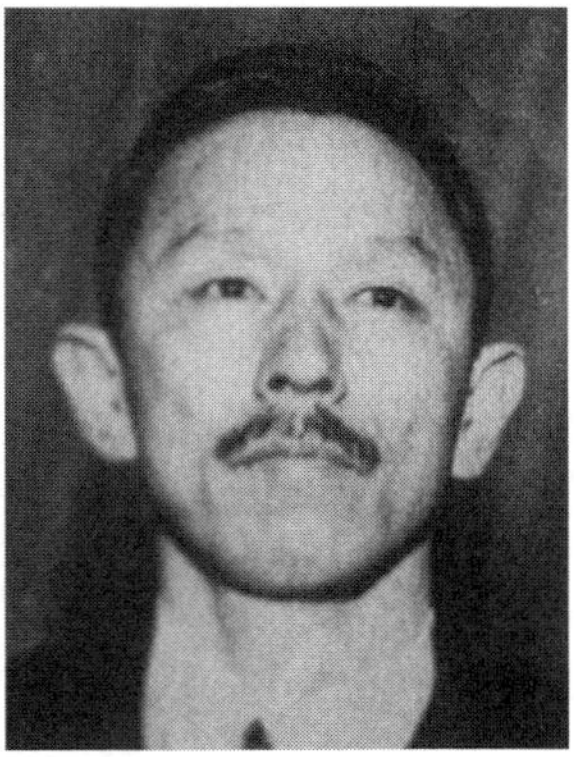
中野正剛

中野正剛の墓

字に切り、さらに頸動脈を掻き切り、絶命したのだった。

翌朝、お手伝いの女性が中野の寝室の障子に血が付いているのを見つけ、不審に思い震える手で障子を開けると、中野が血まみれになって息絶えていた。中野は妻に先立たれ、母と四男との三人暮らしだった。

中野の墓は東京都府中市の多磨霊園にある。正面に「中野家之墓」と刻まれているだけだった。会葬者が供えたであろう花が風に小さく揺れていた。

第26墓　ゾルゲ事件――〝東亜変革〟の夢と諜報と

尾崎秀実［ジャーナリスト・評論家］
命日　昭和一九年（一九四四年）一一月七日　四四歳
戒名　――
墓所　多磨霊園　東京都府中市多磨町4－628
京王電鉄京王線「多磨霊園」駅前から京王バス「多磨霊園表門」下車すぐ

政治評論家の尾崎秀実《おざきほつみ》が、国際スパイ事件の首謀者の一人として、東京市目黒区の自宅で逮捕されたのは昭和一六年（一九四一年）一〇月一五日朝。その三日後にドイツ人ジャーナリストのリヒャルト・ゾルゲが逮捕される。以後も検挙者が続き、最終的に三四人が検挙された。

政府がこの国際スパイ事件を公表したのは、太平洋戦争の勃発をはさんで七カ月後の翌昭和一七年（一九四二年）五月一六日。世間は騒然となった。

なぜ尾崎は、この事件に関わることになったのか。

尾崎は生後間もなく、父の赴任に伴い台湾に移住し、中学まで過ごした。帰京して第一高等学校から東京帝国大学へ進み、同大学院を修了して朝日新聞社の記者になった。

昭和三年（一九二八年）、上海特派員になり、日中間の緊張が高まる中で取材活動を続けた。この間にアメリカ人ジャーナリストのアグネス・スメドレーを介してゾルゲと知り合う。ゾルゲはソビエト赤軍第四本部（諜報）のメンバーだが、表向きは社会学雑誌の契約記者として上海に滞在していた。

尾崎は上海の進歩的文化人と交流するうち、共産党に指導される中国に期待を抱くようになる。ゾルゲは尾崎の中国情勢の分析を信頼し、情報を受けた。

昭和一三年（一九三八年）、朝日新聞社を退社した尾崎は、昭和研究会に入り、近衛内閣の中国問題顧問として日中問題の調査を続けるかたわら、アジア民族の解放を基調とする「東亜協同体論」で評論家としての評価を得る。

一方のゾルゲは、ドイツの新聞『フランクフルター・ツァイトゥング』の特派員として東京に勤務し、ドイツ大使オットーの情報顧問となった。そして秘密裏に日本の対ソ政策の情報をモスクワに送り続けた。

日本で再会した尾崎とゾルゲは情報を交換し合うが、ゾルゲの最大の任務は、ソ連がドイツと開戦した時、日本はどう動くかを見通すことだった。尾崎をはじめさまざまな人物から情報を集めたゾルゲは、日本が昭和一六年（一九四一年）中に対ソ攻撃をすることはない、との判断をモスクワに送った。これによりソ連は対ドイツ戦に全力を傾けることが可能となった。

この時期、軍部や警察は、昭和研究会の動向を怪しんでいた。やがて昭和研究会は共産主義グループであるとして解体に追い込まれる。警察によって関係者の身辺捜査が行われた。ゾルゲの配下のランゼンが発信した電波を傍受した結果、ゾルゲの諜報活動が明らかになり、共産党員の北林トモの逮捕でさらにゾルゲと尾崎との関係が浮かび上がった。尾崎に続いてゾルゲが逮捕され、さらに諜報に関わったメンバーが次々に逮捕されていったのである。

尾崎は治安維持法違反、国防保安法違反、軍機密保護法違反の罪で起訴された。第一回公判は昭和一八年（一九四三年）五月三一日から東京地裁で開かれ、わずか七回の審理の後の九月二九日、尾崎とゾルゲに死刑の判決が言い渡された。ほかは終身刑二人だった。

尾崎は判決を不服として二度にわたり上申書を提出したが、大審院は上告を棄却。尾崎の死刑が確定し、昭和一九年（一九四四年）一一月一七日朝、尾崎は処刑された。

獄中の尾崎が妻英子や子どもに宛てて書いた便りは二〇〇通余にのぼった。これらは後に『愛情はふる星のご

ゾルゲの墓

ゾルゲの墓のそばの石盤に刻まれた氏名

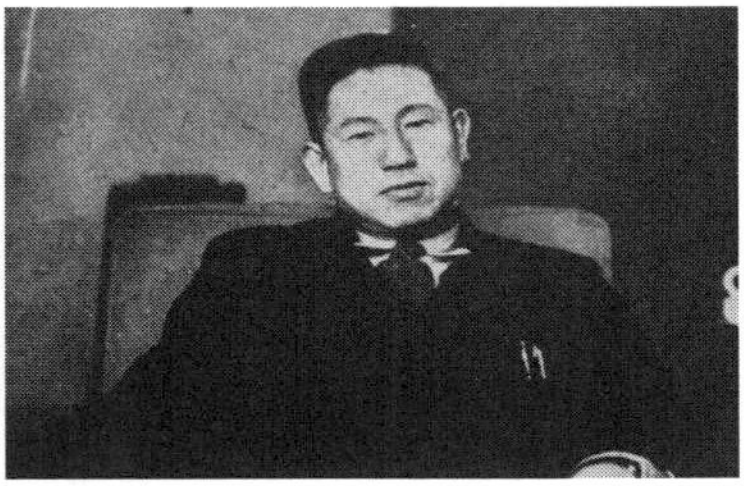

尾崎秀実

尾崎秀実の墓

とく』の表題で発刊され、戦後のベストセラーになった。

尾崎の墓は東京都府中市の多磨霊園にある。柱形の細長い墓で、正面に「尾崎秀実英子之墓」と刻まれている。ゾルゲの墓も同じ多磨霊園にある。黒御影石の箱型の墓である。そばに、「ゾルゲとその同志たち」と書かれた黒御影石の石盤がある。ゾルゲ、尾崎ら一一名の氏名と命日と死因が刻まれている。それによると刑死したのはゾルゲと尾崎の二人。獄死したのは五人で、北林は釈放後二日後に死亡、そのほかの三人は単に「歿」と記されている。

第27墓　伝説の剛腕投手
——全米チーム相手に快投し、戦場に散る

沢村栄治［プロ野球選手］
命日　昭和一九年（一九四四年）一二月二日　二八歳
戒名　——
旧墓所（現在は記念碑）　一誉坊墓地　三重県伊勢市岩渕3－6－5
近鉄山田線・鳥羽線「宇治山田」駅から徒歩五分

昭和九年（一九三四年）秋、読売新聞社はアメリカ野球の大リーグ選抜を招聘し、それに対抗する全日本チームのメンバーの選考を急いでいた。この時期、日本で野球といえば六大学野球が人気を集めていたが、学生は学業第一として全日本チームには参加できず、選考の対象は社会人野球選手とされた。そうした中で主催者側は中学野球にも目を向け、京都商業学校五年生の沢村栄治《さわむらえいじ》を中退させて全日本チームに参加させることにした。商業学校五年生は現在の高校二年生に当たる。

沢村はその夏の全国中学校野球大会で、大阪・市岡中学と対戦し、九回までに三振二五個を奪い、延長に入った一三回までに三振三一個を奪う好投を見せていた。このとき沢村は数え年で一八歳。全日本チームにはもう一人、引き抜かれた中学生がいた。旭川中学のスタルヒン投手である。

アメリカ選抜は総監督コニーマック以下一八人。主将で外野手のベーブ・ルースは本塁打王九回、年間六〇本の本塁打記録を持っていた。一塁手のゲーリッグ、三塁手のフォックスもそれぞれ二回ずつ本塁打王に、二塁手

のゲーリンジャー、外野手のオドゥールは首位打者になっている。投手陣も粒よりで、ゴメスは奪三振王を三度獲得している。

全日本は総監督市岡忠男、監督三宅大輔のもと、投手に沢村、スタルヒンをはじめ、伊達正男(早大出身)、浜崎真二(慶大出身)、青柴憲一(立命館大出身)、若林忠志(法大出身)ら、捕手は主将の久慈次郎(函館太洋、第18墓参照)、井野川利治(明大出身)ら、内野手は三原修(早大出身)、水原茂(慶大出身)、苅田久徳(法大出身)、新富卯三郎(門司鉄道)ら、外野手は二手川延明(明大出身)、李栄敏(全京城)、中島治康(早大出身)らを選んだ。

日米野球はこの年一〇月四日から東京・函館・仙台・富山・横浜・静岡・名古屋・大阪・小倉・大宮・宇都宮の各地で行われたが、全日本チームはアメリカ選抜チームにまったく歯が立たなかった。沢村は第五戦に登板したが、打ちこまれ、第七戦では中継投手として登板したがまた打たれた。

ところが第九戦で沢村は見事な投球を見せた。速球に大きく割れる〝懸河のドロップ〟を交えてアメリカ打線を翻弄し、六回まで〇点に抑えた。相手のホワイトヒル投手も快投を見せ、第九戦は息詰まる投手戦になった。

七回裏、沢村は三番ベーブ・ルースを投手ゴロに打ち取り、四番ルー・ゲーリッグを左打席に迎えた。沢村は久慈のサインに頷いて第一球を投げ込んだ。ストライク。第二球。ストライク。ツーストライク、ノーボールとなった。ここで沢村は久慈のサインに二度首を振った。沢村にとって久慈は主将というより師匠のような存在で、久慈のサインに沢村が二度も首を振るのは珍しかった。

沢村は大きく振りかぶり第三球を投げた。肩口高めにきた球をゲーリッグは打ち返した。快音を残して球は右翼スタンドに飛び込んだ。一対〇。沢村はこの一球で敗れた。

結局、アメリカ選抜は一八戦全勝の記録を残して日本を去った。これを機に日本にもプロ野球設立の機運が高まり、全日本チームの選手を中心に大日本東京野球倶楽部が創設された。

昭和一一年(一九三六年)、大日本東京野球倶楽部は東京巨人軍(現・読売ジャイアンツ)となり、ほかに阪急電鉄の阪急軍、阪神電鉄の大阪タイガース、名古屋新聞の名古屋金鯱軍、西武電鉄中心の東京セネタース、それに大東京軍、名古屋軍が参加して日本職業野球連盟が発足した。最初は七チームによるトーナメント戦が行われ、秋からはリーグ戦によって優勝を決める形になった。

沢村は巨人軍のエースとして、一年目は一九試合に登板し一三勝三敗。二年目は五〇試合に登板し、うち三六試合を完投し、三三勝（うち完封勝ち一二）一〇敗で、防御率一・三八をマークした。日本プロ野球初のノーヒット・ノーランを含めて計三回ノーヒット・ノーランを達成した。

しかしその後、日中戦争が起こり、沢村は召集され出征することになる。そのため昭和一三～一四年（一九三八年～三九年）の記録はない。戦地から戻った沢村は昭和一五年（一九四〇年）に一二試合に登板して七勝一敗、翌昭和一六年（一九四一年）は九勝五敗だった。この年の一二月、太平洋戦争が起こり、沢村は二度目の召集を受ける。そのため昭和一七年（一九四二年）は登板なし。昭和一八年（一九四三年）に復員し四試合で〇勝三敗の記録が残っている。

沢村栄治

沢村栄治の墓

そして三度目の出征で戦線に赴いた沢村は、昭和一九年（一九四四年）一二月二日、東シナ海の戦いで戦死した。階級は陸軍兵長。二八歳の若さだった。

試合数一〇五、完投六五、完封勝ち二〇、勝利六二、敗戦二二、投球回数七七六と三分の一、被安打九三、失点二一三、自責点一四八、防御率一・七一が沢村のプロ野球での全記録である。戦後、沢村は〝幻の名投手〟といわれた。

沢村の墓は三重県伊勢市の一誉坊墓地にあったが、平成二九年（二〇一七年）一〇月、墓じまいされた。かつての墓には野球のボールをイメージした丸い石に東京ジャイアンツを表す「G」と背番号の「14」が刻まれていて、若くして逝った沢村の無念を伝えていた。

第28墓 敗戦、腹を切った陸軍大臣 ——「一死以テ大罪ヲ謝シ奉ル」

阿南惟幾［軍人］
命日　昭和二〇年（一九四五年）八月一五日　五九歳
諡号　阿南惟幾命
墓所　青山霊園　東京都港区青山2-32-2
東京メトロ千代田線「乃木坂」駅、銀座線「外苑前」駅から徒歩八分

一死以テ大罪ヲ謝シ奉ル
昭和二十年八月十四日夜　陸軍大臣　阿南惟幾

大君の深き恵に浴し身は　言ひ遺すへき片言もなし
昭和二十年八月十四日夜　陸軍大将　惟幾
（合田一道『日本人の遺書　一八五八―一九九七』より）

阿南惟幾《あなみこれちか》が、陸軍大臣と陸軍大将という肩書を入れた二通の遺書を書き、腹を切って果てたのは昭和二〇年（一九四五年）八月一五日午前五時過ぎだった。天皇の詔勅がラジオから流れるのは、それから七時間後のことである。

八月六日に広島に、八月九日に長崎に原爆が投下され、なおも抵抗を続ける日本に対し、連合国側はポツダム宣言の受諾による無条件降伏を迫った。天皇は八月一〇日未明の御前会議でポツダム宣言を受諾することにした。だが陸軍は納得せず本土決戦、戦争継続を叫んでいた。

八月一三日午前、天皇は畑俊六《はたしゅんろく》、杉山元《すぎやまはじめ》、永野修身《ながのおさみ》の三元帥を呼び、「ポツダム宣言を受けるほかなし。軍はこれに服従せよ」と命じた。

同夜、閣議から戻った阿南は、呼び寄せた義弟の陸軍中佐竹下正彦から、陸軍内のクーデター計画を聞いた。陸軍は、日本の希望する条件を連合国側が容認するまで降伏せず、交渉を継続するよう天皇の裁可を仰ぐ、というものだった。

この段階で阿南は、クーデターもやむなし、と考えたようだ。だが阿南は態度をあいまいにした。後に本人が「どうも西郷さんのように、担がれそうだ」と語った言葉が、その微妙な立場を物語っている。

八月一四日朝、阿南は参謀総長の梅津美治郎に、クーデターの内容を伝えた。梅津は猛反対した。最後の御前会議は午前一一時前から開かれ、鈴木貫太郎総理の発意でポツダム宣言に反対する者だけが発言した。阿南ら三人が反対意見を述べた。

天皇が最後に「私の意見は、前に述べた通りである。自分の身はどうなってもよい。国民の命を助けたい」と述べた。会議場に嗚咽《おえつ》が溢れた。

陸軍省に戻った阿南は、省内の職員を集め、「最後の御聖断が下った。今はそれに従うばかりである」と述べた。詔勅の原案ができたのは一四日の午後四時。「戦勢日に非にして」の文言をめぐり阿南が「これでは今までの大本営発表がすべて嘘になる」と主張し、「戦局必ずしも好転せず」と直させた。最後の抵抗だったのだろう。

午後六時、阿南は梅津参謀総長と連名で大本営直轄各軍に対し、次の電文を発した。

帝国の国体維持、皇土の保衛を完遂し得ることを条件として交渉中なりしも、敵の提示せる条項は右目的達成に著しく困難ならしむるものあり。之が為小職等は……万策を尽くして強硬に主張し、またしばしば上奏せるも、天皇陛下におかせられては四国宣言の条項を受諾することに御親裁あらせられたり。……小職等は万斛の涙を呑んで之を伝達す。

陸軍大臣の伝達を聞いた陸軍内部の過激派は激昂した。外地ではいまも戦闘を続行している。このままやめるわけにはいかない。宮城を抑えようとするクーデターの動きが出た。ラジオ放送に用いる天皇の録音盤を奪い取ろうと画策し、緊迫した空気に包まれた。

天皇が終戦の詔勅に署名し、全閣僚が署名を終えたのは午後一一時。官邸に戻った阿南は、前掲の遺書二通を書き上げた。義弟の竹下がやってきたので、酒を酌み交わし、短刀を形見に、と与えた。この時、阿南はそばにあった遺書を引き寄せ、一枚目の左脇に「神州不滅ヲ確信シツ、」と書き足した。

阿南は酩酊するほど飲んだ。やがて侍従武官時代に天皇から拝領した純白のワイシャツを着て、その上に軍服

阿南惟幾

阿南惟幾の墓

を着込み、すべての勲章をつけた。それから勲章で重い服を脱いで床の間に置き、戦死した次男惟晟《これあきら》の写真をそばに寄せた。

八月一五日午前五時、憲兵司令官が官邸にやってきたので、竹下に応接に行かせてから、皇居に向かって座り、右手に持った短刀で腹を切り、左手で頸部を探った。戻ってきた竹下が「介錯しましょうか」と言うと、「無用だ、あっちへ行け」と応えた。

竹下が再び戻ると阿南の意識はもうなくなっていた。右頸部を深く切って介錯し、床の間の軍服をその体にかけた。

阿南の墓は東京都港区の青山霊園にある。正面に「阿南惟幾之墓」と刻まれている。武人を思わすものはなく、訪れた時、供えられた赤い花が風に小さく揺れていた。

第29墓　特攻作戦発案の海軍中将
——「死を以て英霊に謝せん」

大西瀧治郎［軍人］
命日　昭和二〇年（一九四五年）八月一六日　五五歳
戒名　宏徳院殿信鑑義徹大居士
墓所　西芦田共同墓地　兵庫県丹波市青垣町佐治710-6
北近畿豊岡自動車道「青垣IC」から車で一五分
墓所　總持寺　神奈川県横浜市鶴見区鶴見2-1-1
JR京浜東北・根岸線「鶴見」駅から徒歩五分

太平洋戦争の敗色がいよいよ濃厚になってきた昭和一九年（一九四四年）一〇月、第一航空艦隊司令長官に就任した大西瀧治郎《おおにしたきじろう》海軍中将は、すかさず「5FGB伝令作第五二号」を次の通り発表した。

一、二〇一空（陸軍航空隊の呼び名）司令ハ現有兵力ヲ以テ体当特別攻撃隊ヲ編成、十月二十三日までに比（フィリピン）島東方海面ノ敵航空母艦殲滅ニ任ゼシムベシ
二、本攻撃隊ヲ神風特別攻撃隊ト称ス
三、司令ハ今後ノ増強兵力ヲ以テスル特別攻撃隊編成ヲ予メ準備スベシ
（原勝洋編著『鎮魂　特別攻撃隊の遺書』より）

それまでも単発的な〝特別攻撃〟はあったが、これにより神風特別攻撃隊（特攻隊）は陸軍の正式な戦闘態勢となった。海軍航空隊も同調して、爆撃機・ゼロ戦による体当たり攻撃態勢を整えた。

特攻隊員の氏名は布告され、二階級特進になり、その階級に応じた対応がなされた。原勝洋編著『鎮魂　特別攻撃隊の遺書』によると一〇月二一日に一機がセブ島から出撃し、以後、ほぼ連日のように複数または集団で南方戦線に出撃し、敵艦に体当たりを決行している。

昭和二〇年（一九四五年）になると出発地が台湾の台中に移り、硫黄島周辺への出撃が増えた。

二月一四日、近衛文麿《このえふみまろ》は上奏文を提出し、「敗戦は遺憾ながら必至なり」として、軍部の戦争推進勢力を一掃して「速やかに戦争終結の方途を講ずべき」と主張した。だが天皇は陸軍参謀総長梅津美治郎《うめづよしじろう》や海軍の意向を受け、これを採用しなかった。

四月に入り、大西は戦艦大和と軽巡洋艦・駆逐艦八隻からなる海上特攻隊を編成した。だが南方戦線は敗北に次ぐ敗北で、攻撃の拠点となる基地を確保できなかった。攻撃拠点を本土に移すことにし、鹿児島県の知覧《ちらん》、鹿屋《かのや》、石垣島などの航空基地から特攻機を出撃させた。

一方、国内は敵機の空襲に晒され、地上戦となった沖縄戦は壮絶な結果となった。

六月八日に開かれた御前会議は「飽くまで戦争を完遂し、以て国体を護持し、皇土を保衛し、征戦目的の達成を期す」として、本土決戦の方針を決定した。

特攻攻撃は六月二二日まで継続され、大本営は二三九三機を投入して、敵の空母二五隻を含む四〇四隻を撃沈破した、と発表した。だが実際の戦果ははかばかしくなく、三六隻を沈没させただけで、戦艦・巡洋艦の撃沈は皆無だった。

特別攻撃はその後も継続され、終戦となる八月一五日にも木更津《きさらづ》から一機、百里原《ひゃくりはら》から八機が出撃している（前掲『鎮魂　特別攻撃隊の遺書』）。

特別攻撃で死んでいった兵士は六〇〇〇人にのぼるが、そのほとんどが一〇代・二〇代の若者たちだった。八月一五日、日本はポツダム宣言を受諾して敗戦となった。大西は最後まで徹底抗戦を主張したが、玉音放送の翌一六日、官邸内で腹を切った。急報を聞いて軍医が駆けつけたが、大西は血みどろになりながら、「生きるようにはしてくれるな」と言い、腸が露出しながらしばらく耐えた後、亡くなった。

遺書が二通残されていた。一通は特攻隊で戦死した部下に対するもの、一通は妻淑恵へのものだった。最初に一通目の前段のみ掲げる。

遺書
特攻隊の英霊に曰《もう》す　善く戦ひたり深謝す
最後の勝利を信じつゝ肉弾として散華せり
然れ共其の信念は遂に達成し得ざるに至れり
吾死を以て旧部下の英霊と其の遺族に謝せんとす（後略）

大西瀧治郎

大西瀧治郎の墓

海軍中将　大西瀧治郎

一　次に二通目の妻への遺書の最後に書かれた辞世を掲げる。

之でよし百万年の仮寝かな

一　墓は実家に近い兵庫県丹波市青垣町の西芦田共同墓地にある。木立に囲まれた静寂な地に古びた墓があり、正面に「宏徳院殿信鑑義徹大居士」と戒名が刻まれている。

分骨した墓は横浜市鶴見区の總持寺の大祖堂裏に広がる五院右一の一にある。墓の正面に「大西瀧治郎之墓」とあり、上に二行で「海軍中将」、右に「従三位勲二等功三級　大西瀧治郎之墓」と小さく刻まれている。昭和二七年（一九五二年）に旧軍人の同僚らが建立したもの。

左隣に妻淑恵の発願により建てられた特攻隊員の霊を慰める〈海鷲観音〉がある。

第30墓 処刑第一号の陸軍大将——軍の統率者としての責任を問われて

山下奉文［軍人］
命日　昭和二一年（一九四六年）二月二三日　六二歳
諡号　山下奉文命
墓所　多磨霊園　東京都府中市多磨町4－628
京王電鉄京王線「多磨霊園」駅前から京王バス「多磨霊園表門」下車すぐ

昭和二〇年（一九四五年）八月一五日、マニラのプログ山の複郭陣地で戦闘中の第一四方面軍司令官の陸軍大将山下奉文《やましたともゆき》は、明日にも参謀長武藤章とともに自決し、残る兵士らはゲリラとなって戦闘を継続するとの方針を固めた。

山下は開戦当初、マレー半島のイギリス軍の要塞を攻撃して陥落させ、パーシバル中将との降伏会見で「イエスかノーか」とパーシバルに迫り、〝マレーの虎〟と恐れられた司令官だった。

マニラのプログ陣地はアメリカ軍の相次ぐ猛攻で、瓦解寸前に追い込まれていた。食料は底をつき、残余の将兵は餓死寸前の状態に陥っていた。そこへ日本の降伏を示す詔勅と陸軍大臣阿南惟幾《あなみこれちか》の自決が伝えられた。

事態は急変した。山下はアメリカ軍の要請により、時期尚早と主張する幕僚の意見を退けて九月一日、陣地を捨てて山を降りた。三日、バギオのアメリカ陣営に出頭して、降伏文書に署名・調印した。山下はこれで将兵は助かると判断したのだった。

捕虜となった山下はマニラから南東約六〇キロ先のロスバニオス村のはずれまで送られ、鉄条網に囲まれた粗末な建物の一室に収容された。

一〇月九日、山下は戦争犯罪容疑者として起訴された。訴因はフィリピンにおける虐殺・強盗・窃盗・傷害など一二三項目に及んだ。

マニラ軍事法廷は一〇月三〇日開廷され、山下は最初から無罪を主張した。アメリカ人の弁護人もこれを支持した。傍聴したアメリカ・イギリス・オーストラリアの新聞記者も、山下の無罪を確信した。

だが山下は「いずれ責任を取らねばならぬ」と覚悟していた。裁判の過程で耳にした日本軍の戦地におけるさまざまな残虐行為に対して、日本人として贖《あがな》わねばならぬ、それは軍を統率した自分でなければならない、そう思ったのである。

一二月八日、判決公判が開かれ、山下に絞首刑が言い渡された。山下は大きく頷《うなず》いた。部屋に戻ると七言律詩と次の辞世を認《したた》めた。

—　まてしばし勲のこしてゆきし友あとなしたいて我もゆきなむ

処刑前夜の二月二二日夜、山下はビールを飲み、アスパラガスとパンを食べてから、高鼾《たかいびき》をかいて眠った。二三日未明、山下は起き上がると、待ち受けた森田教誨師《きょうかいし》に「私の不注意と天性の暗愚のため、全軍の指揮統率を誤り、尊いご子息やご夫君を多数殺してしまったことは、誠に申し訳ない次第であります」と述べた。

アメリカ兵がやってきて、山下の両手を後ろに回して手錠をかけ、中庭に設けられた処刑場に誘導した。すぐにマッカーサー元師の処刑命令が伝達された。山下は日本の方向に向かって深々と頭を下げた。

両目に布を巻かれて、ゆっくり一三階段を登りだした——と、突然、踏み板がはずれて、体が台上から消えた。

これが山下の最期だった。

山下の墓は東京都府中市の多磨霊園にある。正面に「山下奉文墓」とだけ刻まれている。軍人、戦績などを思わせることは何も刻まれていない。

マニラの軍事法廷の山下奉文

山下奉文の墓

第31墓　文学賞創設の功労者——『文藝春秋』を創刊

菊池寛［小説家・劇作家］

命日　昭和二三年（一九四八年）三月六日　六一歳
戒名　——
墓所　多磨霊園　東京都府中市多磨町4－628
京王電鉄京王線「多磨霊園」駅前から京王バス「多磨霊園表門」下車すぐ

長く文壇の大御所として君臨してきた小説家・劇作家の菊池寛《きくちかん》が、東京都豊島区雑司ヶ谷の自宅で、狭心症の発作で亡くなったのは昭和二三年（一九四八年）三月六日夜。発作からわずか一〇分後、あっという間の最期だった。

菊池は一週間ほど前に腹痛を起こし、自宅で病臥していたが、やっと回復したので主治医や友人らを集めて全快祝いを開いた。出席者と寿司を食べながら談笑していたが、途中で気分が悪くなり、一人で二階の書斎へ行った。

その後、異変が起こる。その時の模様を文藝春秋が一九八七年に刊行した『逸話に生きる菊池寛』により記す。文中の英樹とは長男の名である。

三十分くらい、当時では佳肴といえる寿司を食べ、飲んでいると、二階の方で「英樹、英樹」と呼ぶ声が聞え、何となしに座がざわめいた。

私（池島）も盃を措いて、急いで二階の寝室へ上って行くと、もういけなかった。

菊池さんはベッドのすぐ傍の床の上にうずくまり、両腕を奥さまの肩にかけて、コト切れていた。側には主治医の大堀泰一郎博士が注射器を持ち、立ったまま首をふっている。

（池島信平「一九四八年三月六日」『逸話に生きる菊池寛』より）

葬儀が営まれた翌日、二階の書斎から菊池の遺書が見つかった。これが近親者を驚かせた。万一の場合、後事を託そうと考えていた芥川龍之介が、昭和二年（一九二七年）に投身自殺したため、衝撃を受けた菊池が子ども宛の遺書と、読者一般宛に書いた遺書を残していたのである。日中戦争、太平洋戦争以前の二〇年以上も前に書き残した遺書が初めて陽の目を見たことになる。

最初に一般読者宛、続いて長男英樹・長女るみ子宛のものを掲げる。

私はさせる才分なくして文名を成し一生を大禍なく暮しました。多幸だったと思います。死去に際し、

菊池寛

菊池寛の墓

知友及び多年の読者各位にあつくお礼を申します。ただ皇国の隆昌を祈るのみ。

吉月吉日　　　　　　　　　　　　　　　　　　　　　　　　　　　菊池　寛

母上の云ひつけをよく守り、真面目に勉強し、早く職業につかれたし。

何事にても、定職あるをよしとす。

早く自分の収入にて、独立出来るやう心がけられたし。

母上に孝行せられたし。母上ほど、おん身を愛したる人なし。

父はおん身を子としたるをほこりとす。何事につけても、お母さんに心配をかけるな。

お母さんを、大切にせよ。

英樹どの　　　　　　　　　　　　　　　　　　　　　　　　　　　父

よく勉強せよ。頑張れよ。青春時代努めると努めざるとは、一生の成否の岐る丶所、しっかりやれ。

二十までが、一番大切だ。勉強すれば、どんな事もできる。

父なき後は、よく母上の云ひつけを守り、あまりぜいたくせぬやう心がけられたし。

なるべく、職業教育を受け、独立出来るやうせられたし。

着実にして真面目なる灰年にして、定職ある人と結婚せられたし。

父は、おん身を娘としたることをほこりとす。

るみ子どの　　　　　　　　　　　　　　　　　　　　　　　　　　父

菊池寛は香川県高松市生まれ。京都大英文科卒。在学中から第四次『新思潮』に戯曲『閻魔堂』『父帰る』などを発

表し、卒業後に『時事新報』記者に。その後、小説『無名作家の日記』『忠直卿行状記』『恩讐の彼方に』などを発表して人気作家に。『藤十郎の恋』『友と友の間』『真珠夫人』など通俗小説も書いて文壇に不動の地位を築いた。

その後、『文藝春秋』を創刊し、出版人としても活動し、芥川賞・直木賞を創設するなど文学界に大きな足跡を残した。

墓は東京都府中市の多磨霊園にある。広い塋域《えいいき》の中に、分厚い横型の角を丸く削った白御影の墓がどっしりと鎮まっている。横向きに書かれた「菊池寛之墓」の揮毫《きごう》は川端康成によるものである。

第32墓　玉川上水心中死——『グッド・バイ』書き上げて

太宰治［小説家］

命日　昭和二三年（一九四八年）六月一三日　四〇歳
戒名　文綵院大猷治通居士
墓所　禅林寺　東京都三鷹市下連雀4－18－20
　　　JR中央線「三鷹」駅から徒歩一〇分

昭和二三年（一九四八年）六月一三日、東京都北多摩郡三鷹町の作家太宰《だざい》治《おさむ》は、愛人の山崎富栄（四〇歳）とともに近くの富栄宅を出たまま行方がわからなくなった。翌一四日、東京都水道局久我山水道で、男物の桐駒下駄と女物の赤紫のななめ縞の緒の下駄が片方ずつあるのが発見された。

三鷹署は二人が付近の玉川上水に入水《じゅすい》、情死したと見て一五日早朝から探索する一方、富栄宅を調べたところ、部屋はきちんと整頓され、本棚の上に太宰と富栄の写真が並べられて線香一束と水入りの茶碗が供えられていた。また太宰の妻宛ての便りと子どもへの玩具、『朝日新聞』に掲載する「グッド・バイ」の一〇回分の校正刷りと一三回までの草稿が置かれていた。

妻への便りには「小説が書けなくなった。人の知らぬところへ行ってしまいたい」という内容が書かれていた。友人伊《い》馬《ま》春部《はるべ》に宛てた太宰自筆の色紙には、伊藤左千夫が詠んだ次の短歌が書かれていた。

——池水は濁りににごり藤波の影もうつらず雨降りしきる

この入水を匂わす短歌を目にした太宰の知人や友人らは、覚悟を固めた。

家出から一週間経た一九日午前七時ごろ、三鷹町牟礼《むれ》の玉川上水の新橋下一キロの下流で、棒杭に引っかかって川面に揺れている二人の遺体を通行人が発見した。遺体は女の腰紐で離れないよう縛りつけられ、抱き合ったままだった。

この日は偶然にも太宰の誕生日だった。

太宰が作家として脚光を浴びだしたのは昭和二一年（一九四六年）七月から一〇月まで雑誌『新潮』に掲載した「斜陽」という作品がきっかけだった。もう一人の愛人太田静子から借りた日記を題材に書いたこの作品は話題を呼び、たちまちベストセラーになった。

だが太宰の体は結核に蝕《むしば》まれて悪化の一途を辿っていた。文学的評価を得た太宰は「おのれの文芸の完遂のための死」を目指して書き続けた。静子との関係をそのままに、戦争未亡人の富栄と同居し、献身的な看護を受けながら書き続けた。その間に静子は太宰の子を出産する。

太宰治

太宰治の墓

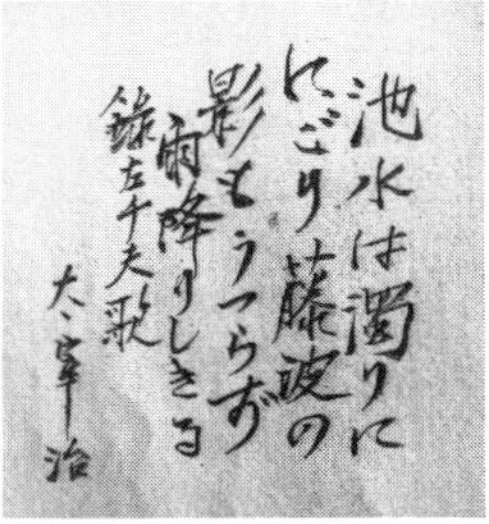

太宰が書いた色紙

太宰は三人の女性に溺愛されながら、死への道程を歩んでいく。

筑摩書房社主の計らいで熱海などに滞在し『人間失格』を書き上げた後、太宰は『朝日新聞』に「グッド・バイ」を書き出し、五月二七日、第一〇回分の原稿を書き上げたが、もうこのころになると喀血《かっけつ》を繰り返し、病状はいよいよ悪化していた。

死が自分の芸術の完成点、と思う太宰にとって、そのためにひたすら身を捧げてくれた富栄とともに心中するに至ったのは、当然のことだったのかもしれない。

太宰の墓は東京都三鷹市の禅林寺にある。いまも命日の「桜桃忌」になると、太宰を慕う文学者や愛読者たちが集い、墓前で太宰文学を語り合うという。

太宰の心中事件から一年半後の昭和二四年（一九四九年）一一月、太宰の墓前で弟子の作家田中英光（三八歳）が劇薬を飲み、左手首を安全剃刀で切り自殺している。病気を苦にしたものだった。

第33墓

「A級戦犯」として処刑——「平和に対する罪」などを問われて

東條英機　［軍人・政治家］
命日　昭和二三年（一九四八年）一二月二三日　六五歳
戒名　光寿無量院英機居士
墓所　雑司ヶ谷霊園　東京都豊島区南池袋4−25−1
東京メトロ有楽町線「東池袋」駅、副都心線「雑司ヶ谷」駅から徒歩一〇分

東條英機《とうじょうひでき》が内閣総理大臣になったのは昭和一六年（一九四一年）一〇月。それからわずか二カ月後に東條は太平洋戦争の開戦に踏み切る。

東條は陸軍大学卒。スイスとドイツの駐在武官の後、陸軍省動員課長、歩兵第一連隊長、歩兵第二四旅団長、関東憲兵隊司令官を務め、関東軍参謀長として日中戦争に従軍した。板垣征四郎陸軍大臣のもとで次官となり、その辣腕ぶりから〝カミソリ東條〟といわれた。

東條は第二次・第三次近衛《このえ》内閣で陸軍大臣を務め、対米開戦を主張した。その後、交渉継続を求める近衛文麿総理と対立して近衛内閣は総辞職。その後任として東條が総理と陸相・内相を兼務する内閣を樹立し、対米英戦争へと突き進んだ。昭和一七年（一九四二年）、翼賛選挙を通じて議会を形骸化させ、戦時独裁体制を築いたが、戦局の悪化で批判が高まり、昭和一九年（一九四四年）七月、総辞職に追い込まれた。

日本がポツダム宣言を受諾して無条件降伏したのはその一年後。東條は激動の真っただ中に身を置いていたこ

とになる。

連合国軍最高司令官マッカーサーは日本に進駐するとすぐ、極東軍事裁判所を設け、東條をはじめとする戦争を指導した二八人をA級戦争犯罪人として逮捕し裁判にかけた。

極東国際軍事裁判(東京裁判)は昭和二一年(一九四六年)五月から始まった。検事団団長首席検察官キーナンは冒頭陳述でこう述べた。

「被告らは文明に対して宣戦を布告した。人間の自由と尊重を破壊しようとした」

裁判の審理は「平和に対する罪」(A級)、「通例の戦争犯罪」(B級)、「人道に対する罪」(C級)の三つにわけて行われた。

ここで東條らは、初めて自分たちが犯した「罪」がどんなものなのかを知ることになる。国民の多くもまた「文明に対する宣戦布告」や「人間の自由と尊重の破壊」という聞き慣れない言葉に、首を傾げたのだった。

「平和に対する罪」とはどんな罪なのか。殺し合いの戦争における「通例の戦争犯罪」とはどんな犯罪になるのか。「人道に対する罪」とは何を指すのか。戦いに負けた日本人のほとんどが素直に理解できなかったのは当然だろう。勝者が敗者を裁いた東京裁判は、文明が野蛮を裁いた、ともいわれた。

審理は一年半にわたり進められた。この中で被告人全員の無罪を主張したのがインド代表のパル判事である。だがその意見は有罪を望む大勢の意見に埋没した。そして昭和二三年(一九四八年)一一月一二日、東條をはじめとする七人の被告人に対して死刑判決が出た。理由は次のようなものだった。

「被告人らは、日本の侵略戦争を計画し、助長し、その結果、世界に大きな破壊を与えた」

死刑の判決を言い渡されたのは次の七人である。

東條英機(陸軍大将、元総理大臣)

広田弘毅（元総理大臣）
板垣征四郎（陸軍大将、元陸軍大臣）
土肥原賢二（陸軍大将）
木村兵太郎（陸軍大将）
松井石根（陸軍大将）
武藤章（陸軍中将、元陸軍省軍務局長）

私がいまも不思議に思うことがある。それは、処断された七人の軍人のうちの六人の顔ぶれが陸軍のみで、海軍が一人もいないことである。そして総理経験者とはいえ、文官の広田弘毅が含まれていることだ。指揮命令系統による戦犯追及であるならば、海軍の将校も当然のことながらその責任を追及されるはずであったが、そうは

東條英機

東條英機の墓

ならなかった。

死刑判決を受け、巣鴨刑務所に収監された七人の絞首刑が執行されたのは、判決から四〇日後の一二月二三日である。

太平洋戦争における死者は軍人二四〇万人、民間人五〇万人にのぼった。

東條の辞世を掲げる。


我ゆくもまたこの土地にかへり来ん国に酬ゆることの足らねば

東條の墓は東京都豊島区の雑司ヶ谷霊園にある。どっしりとした幅広い墓石である正面に家紋と「東條家之墓」の文字が刻まれている。

ただし東條の遺骨はここにはない。洋上に散骨されていたということを後年、報道で知った。東條が英雄視されてその遺骨が利用されることを恐れての処置ともいわれている。

第34墓　処刑された唯一の民間人
──「ママノメイフクヲイノル」

広田弘毅［外交官・政治家］
命日　昭和二三年（一九四八年）一二月二三日　七一歳
戒名　弘徳院殿悟道正徹大居士
墓所　聖福寺　福岡県福岡市博多区御供所町6－1
　　　JR鹿児島本線「博多」駅から徒歩一五分

極東国際軍事裁判（東京裁判）で戦犯として処刑された七人のうち、唯一民間人だったのが広田弘毅《ひろたこうき》である。外交官から総理大臣になり、第一次近衛内閣では外務大臣を務め、太平洋戦争末期にはソ連の参戦を防ごうと努めた。

広田は福岡県那珂郡（現・福岡市）に生まれ、明治四〇年（一九〇七年）、外交官として中国・イギリス・アメリカ大使館で勤務した。帰国後、欧米局長となり、アメリカの日本人移民排斥問題やソ連との国交回復に尽力した。その後、オランダ公使からソ連大使になるが、昭和六年（一九三一年）、「満州事変」が起こり、緊迫した対ソ関係の対応に当たった。昭和八年（一九三三年）、外務大臣になり、アメリカのハル国務長官と交渉して日米間の友好を確認するなどしたが、昭和一一年（一九三六年）一月、ロンドンにおける五国の軍縮会議が決裂し、日本は孤立を深めた。陸軍青年将校による「二・二六事件」が起こり、岡田総理が辞任。広田に内閣総理大臣就任と組閣が命じられた。だが人事はまとまらず難航した。寺内・永野両大将は三度広田を訪ねて、将来の陸海軍の国防計画を述べた。広田は誠意をもって善処すると答えたので、三月九日、広田内閣が発足した。『国民新聞』は昭和一一年三月一〇日、「挙国一致広田内閣親任式」の見出しで報道した。

軍部の政治に対する発言が強まる中で、広田はその意向を容れながら政治を進めたが、そのために議会・政党との対立が深まった。そして日独防共協定に調印したため、国際社会での日本の孤立化は決定的となり、外国との軋轢《あつれき》が強まる中、広田内閣はわずか一一カ月で総辞職。次の林銑十郎《はやしせんじゅうろう》内閣も四カ月で解散する。昭和一四年（一九三九年）一月、第一次近衛文麿《このえふみまろ》内閣が生まれると、広田は外相に就任する。しかし「盧溝橋事件」が起こり、関東軍によって日中戦争へのレールが敷かれていき、広田は更迭される。

昭和一三年（一九三八年）には国家総動員法が成立。戦時体制が固まる。昭和一五年（一九四〇年）に紀元二六〇〇年記念行事が催され、秋には日独伊三国同盟が締結される。国内では大政翼賛会が発足した。そして翌昭和一六年秋、東條英機内閣が誕生し、開戦となる。

戦局は熾烈化し、昭和一九年（一九四四年）、東條内閣が倒れて小磯國昭内閣となる。小磯は敗色濃厚の昭和一九年（一九四四年）九月、広田をソ連に特使として送ろうとしたが、ソ連は拒絶し、対日戦に参戦する。昭和二〇年（一九四五年）八月六日・九日にアメリカが広島・長崎に原爆投下。日本は無条件降伏へ向かう。

敗戦後、広田は首相を務めたことでＡ級戦犯として逮捕され、東京裁判にかけられた。広田の妻は巣鴨刑務所で広田と面会した直後、自殺した。

昭和二三年（一九四八年）一一月一二日、広田に死刑の判決が言い渡された。

広田は面会に二度来た家族たちに、二度手紙を書いた。最後の一文を掲げる（全文が片仮名書きである）。宛名のシズコは亡き妻の名である。

（前略）

一、ハンケツノゼンゴハハガキヤテガミガタクサンキタ、ジツニタノシカッタ、ミナミナノキモチガヨク

ワカル、アンシンシテヲル
一、アメリカノダイシンインハ、六ヒカラヒラカレ、ジョウソヲシンギスルハヅナレバ、ソノケッカヲシルマデ、ショケイハエンキサルルワケナラン
一、コノヒコウテンキ、ニッコウサシ、ヘヤモ、ホットエアデアタタカク、キモチヨシ
一、モハヤナニモカクコトナシ、ママノメイフクヲイノル

十二ガツ七ヒ

コウキ

シズコドノ

（広田弘毅伝記刊行会編『広田弘毅』より）

広田弘毅

広田弘毅の墓

広田が東條らとともに処刑されたのは、この年の一二月二三日である。

その遺骨は横浜の久保山火葬場から伊豆山の興亜観音に安置された。七年後に白木の箱に収めて遺族に手渡されたが、遺族は遺髪や爪を留置時に密かに入手して墓に収めており、引き取りを拒否した。

広田の墓は福岡県福岡市博多区の聖福寺にある。墓は二つ並んでいて、向かって右側の墓が広田家代々の墓である。左側の墓には「廣田弘毅　妻シス之墓」と刻まれている。両脇に石灯籠が建っている。

福岡市美術館前に、和服姿の広田の銅像がある。辞世の「浩々丹心輝萬古」が刻まれている。

第35墓 下山事件——国鉄総裁が轢死

下山定則〔国鉄総裁〕

命日　昭和二四年(一九四九年)七月五日　四九歳
戒名　鉄心院貫道定則居士
墓所　多磨霊園　東京都府中市多磨町4-628
京王電鉄京王線「多磨霊園」駅前から京王バス「多磨霊園表門」下車すぐ

昭和二四年(一九四九年)七月五日朝、国鉄初代総裁の下山定則《しもやまさだのり》(四九歳)は出社の途中に車を降り、行方不明になった。翌六日午前一時ごろ、東京都足立区五反野南町九六四番地先の国鉄常盤線下り線路上で、轢《れき》死体となって発見された。

この時期、政府は超緊縮型予算を編成するかたわら、官公庁職員の大幅人員整理に乗り出した。ことに国鉄の九万五〇〇〇人削減は問題化し、反対闘争が激化していた。

警視庁は「下山事件特別捜査本部」を設置し、死亡原因について捜査を始めたが、最初から自殺か他殺かで意見が対立した。ことに他殺説を採る最高検、東京地検、警視庁捜査二課は、戦闘的な左翼分子による犯行と主張したが、決め手はなかった。

失踪までの経緯を、下山の専属運転手大西政雄の証言をもとに記す。

この日、七月五日午前八時二〇分、下山総裁はいつもの通り、東京都大田区上池上の自宅を自動車で出発した。千代田区丸の内の国鉄本社に向かい走っていると、東京駅前ロータリーで総裁が「買い物がしたいから三越へ行ってくれ」と言った。

運転手が、東京駅北側省線ガードまで進めると、「白木屋でもよいから、真直ぐに行ってくれ」と言うので、白木屋前電車通りに出た。だが表門が閉まっていたので、そのまま三越前まで行くが、開店まで間があるので、本社へ行くことにした。

総裁の指示で神田駅の西口通路から東側ガード下に出て、一度本社前を通過して三越へ行く途中、千代田銀行本店前で下車し、再び三越に向かい、南口に着いたのが午前九時三七分ごろ。この時、車を降りた総裁は、一度引き返してきて「五分くらいだから待っていてくれ」と言い残し、店内に入った。それっきり総裁は姿を消した。

国鉄本社はいつまでも出社しない総裁に不審が広がった。通報により警視庁が動きだした。午後三時半、NHKラジオが臨時ニュースで〝国鉄総裁失踪〟を報じた。二度目に報じたのが午後五時。この放送を聞いて運転手は仰天した。この間、七時間半近く。

これ以降は警視庁下山事件特別捜査本部がまとめた「下山国鉄総裁事件捜査報告(白書)」により経過を述べる。翌六日午前〇時二五分ごろ、常盤線の最終電車が北千住から綾瀬へ向かう途中、東武線のガード下に「礫死体らしいもの」を見つけ、綾瀬駅に到着と同時に通報した。雨が降りだす中、綾瀬・北千住両駅員が現場に急行したところ、轢断された遺体が散らばっていて、落ちていたパス入れの中から〝下山定則〟の名刺を見つけた。

通報を受けて警視庁捜査一課長、東京地検検事、東京都監察医務院医師らが現地へ急行し、土砂降りの中、現場検証が始まった。轢死体は首・胴体・腕・足などが、衣服・靴・時計・睡眠薬とともに九〇メートルにわたって散乱していた。現場の状況から最終列車直前の午前〇時二〇分に通過した貨物列車の機関車が轢《ひ》いたものと断定された。

監察医務院医師は〝自殺—生体轢死〟と判断した。だが東京地検は納得せず、東大法医学の解剖室で遺体を解剖し、「轢断面に生活反応は認められない」として、〝他殺—死後轢断〟と判断した。

総裁は何者かに連れ去られ、第一現場で殺害され、第二現場の線路上に運ばれ轢断されたとの見方が強まった。

一方で、総裁は国鉄の大量首切りに心を痛めており、神経質になっていたとして自殺説もささやかれた。警視庁と東京地検の合同特別捜査本部が設けられた。そして捜査の過程で大きく自殺説へと傾いていく。有力な根拠になったのが現場に近い五反野の旅館の女将の証言。五日午後二時ごろ、上品な男性が玄関に現れ、「六時ごろまで休ませてくれ」と言うので、二階四畳半に案内した。その男性は午後五時半ごろ、チップを手渡し立ち去ったというのだ。

総裁が国鉄病院の医師から神経衰弱と診断され、睡眠薬をもらっていた事実も明らかになった。だが、捜査はこれ以上進展しなかった。

「下山事件」から間もない七月一五日、三鷹駅構内で無人電車が暴走し、六人が死ぬ「三鷹事件」が発生。さらに八月一七日、東北本線金谷川―松川間で機関車が脱線・転覆し、乗務員三人が死亡する「松川事件」が起こった。〝国鉄三大ミステリー〟と呼ばれるこの三つの事件は当時を象徴する犯罪とされ、「三鷹事件」「松川事件」は容疑者

下山定則

下山定則が轢断された事故現場

下山定則の墓

が逮捕されたがいずれも無罪になった。しかしこの「下山事件」だけは真相究明への糸口さえ見えないまま、昭和三九年(一九六四年)七月、時効になった。

下山総裁の墓は東京都府中市の多磨霊園にある。塋域《えいいき》の奥まった場所に墓が建っており、正面に「下山家之墓」と刻まれている。死体が発見された現場近くには〈下山国鉄総裁追憶碑〉があり、往時の奇怪な事件を偲ばせる。

第36墓

民主主義文学運動の旗手
——婦人民主クラブの創立に参加

宮本百合子［小説家・評論家］
命日　昭和二六年（一九五一年）一月二一日　五一歳
戒名　——
墓所　小平霊園　東京都東村山市萩山町1-16-1
西武鉄道西武新宿線「小平」駅から徒歩五分

プロレタリア作家とうたわれた宮本《みやもと》百合子《ゆりこ》は明治三二年（一八九九年）二月、東京・小石川の建築家中條精一郎の長女に生まれた。本名ユリ。本籍地が福島県郡山市なのは父の戸籍による。

東京女子師範学校附属高等女学校（現・お茶の水女子大学附属中学校・高校）を経て日本女子大学英文科予科に入学し、その年、一八歳で小説『貧しき人々の群』を『中央公論』に発表し、注目を集めた。同校を中退して創作活動に専念し、『日は輝けり』『一つの芽生え』『地は饒《ゆたか》なり』などを相次いで発表した。

大正七年（一九一八年）、父に伴われてアメリカに渡り、留学生活を送るうち、ニューヨーク在住で東洋語研究者荒木茂と知り合い、両親や周囲の反対を押し切り結婚する。翌年末に夫婦で帰国し、実家を離れて暮らすが、大正一三年（一九二四年）離婚。その経験をまとめた『伸子』を発刊、注目された。

その後、ロシア文学者の湯浅芳子と共同生活をはじめ、昭和二年（一九二七年）、ともにソ連を訪れ、さらにヨーロッパ各地を旅行した。昭和五年（一九三〇年）暮れに帰国し、「日本プロレタリア作家同盟」に入会する。

昭和六年（一九三一年）、日本共産党に入党し、翌昭和七年（一九三二年）、宮本顕治と結婚する。間もなく「日本共産党スパイ査問事件」で顕治は警察に検挙される。百合子は中條姓から宮本姓に変えて執筆活動を続けた。だが捜査の手は百合子にも及び、検挙されて執筆禁止に。以後、検挙と釈放を繰り返す。

昭和一一年（一九三六年）六月、治安維持法違反で懲役二年執行猶予四年の判決を受けるが、ひるむことなく執筆活動を続けた。

戦後は「新日本文学会」、「婦人民主クラブ」の創立に参加してその先頭に立ち、書き続けた。主な作品は『播州平野』『二つの庭』『風知草』『獄中への手紙』『禰宜様宮田』など。

昭和二六年（一九五一年）一月一九日、百合子は夜更けまで書斎で仕事をしていたが、急に寒気がすると言いだした。午前一一時には体温が三九度八分になり、午後四時になると肝臓部が痛いと訴え、胸部と下肢に紫斑が現れた。

通報で主治医が駆けつけたのが午後七時過ぎ。だが回復の兆しもないまま、明けて二〇日午前一時五五分、息を引き取った。死因は電撃性髄膜炎菌敗血症と診断された。五一歳だった。

だがその死因には疑念ももたれた。百合子が苦しみだした時、その場にいたのは夫の顕治と秘書でお手伝いの女性（三年後に顕治と結婚）だけだったからだ。のちに主治医は「急性紫斑病」と最終的な診断を下した。これらの経過は宮本百合子追想録編纂会編『宮本百合子』（岩崎書店、一九五一年）に「終焉の記録」として医師らにより克明に記されている。

夫の顕治が日本共産党内の混乱を収拾して書記長となり、党のトップに立つのは百合子が亡くなって七年後の昭和三三年（一九五八年）。顕治は以後四〇年の長さにわたり、党を指揮することになる。

百合子の墓は東京都東村山市の小平霊園にある。ツツジの垣根に囲まれた塋域《えいいき》に、上部が円形の墓があり、正面に自筆で「宮本百合子」と刻まれている。二〇世紀前半の動乱期を生き抜いた女性作家らしい風格を感じさせる。参拝者は文学愛好者が多く、いまも訪れる人が絶えないという。

顕治の墓も同じ小平霊園の少し離れたところに建っている。二人が別々の墓に入っているのは顕治が後に再婚したためであろうか。顕治の墓もどっしりしたたたずまいで正面に「宮本」とのみ刻まれていた。

宮本百合子

宮本百合子の墓

宮本顕治の墓

第37墓 被災者を診断した被曝医
——病床で『長崎の鐘』などを出版

永井隆［医師］
命日　昭和二六年（一九五一年）五月一日　四三歳
戒名　——
墓所　坂本国際墓地　長崎県長崎市目覚町24－5
JR長崎本線「長崎」駅から路線バス「合同庁舎」下車、徒歩五分

昭和二〇年（一九四五年）八月九日午前一一時二分、長崎市の上空に閃光が走った。広島に次ぐ二発目の原爆投下である。

長崎医科大学附属病院本館二階の物理的療法科部長室にいた放射線物理療法の医師永井隆《ながいたかし》は、とっさに床に身を伏せた。と、猛烈な爆風が襲いかかり、体ごと五メートルほど吹き飛ばされた。窓ガラスの破片が右のこめかみの動脈と右半身を切り、血みどろになった。

永井はこの時、白血病を患っていた。何とかその場を自力で脱してレントゲン撮影室へ移動したが、外科の廊下に「異様の裸形」の人たちが群がっていた。

そこら一面投げ飛ばされた患者のうち、生き〔ママ〕の根の末だとまらぬ人たちである。丁度外来患者の診療最中だったから、このあたりの廊下や室内に倒れている数はおびただしく、それが一様に着物を剝ぎとられ、

皮をむしられ、切られ、土煙をかむって灰色になっているのだから、まるでこの世のものとは思われぬ。死んで動かぬ人の間をじりりじりりと這いにじり寄り、私の足首にしがみついて「先生、助けて下さい」と泣く。血を噴く手首を差し出す。「お母さん、お母さん」と泣き回る女の子、子の名を呼びつづけてのたうちまわる母親、「出口はどこだ」と怒鳴って走る大男、「担架、担架」と叫んでうろうろする学生、あたりはようやく騒然となって来た。

（永井隆『長崎の鐘』より）

永井らは自らの治療もそこそこに、同僚の医師や看護師らを励ましながら、負傷者の応急処置に取りかかった。だが負傷者は二〇人、三〇人と続く。包帯も三角巾も使い果たし、自分らが着ていたワイシャツを切り裂いて使った。この間にも永井のこめかみの出血がひどくなり、婦長らが繰り返し圧迫止血を施しながら、負傷者の救

永井隆

永井隆の墓

護を続けた。

　午後四時、黒い雨が降った。自宅の妻と二人の幼子はどうしているか。永井は不安を抱きながら、いつしか昏睡状態に陥った。

　翌日、惨《むご》たらしく焼けただれた長崎の町に、アメリカ軍の航空機が飛来し、ビラを撒いた。これを読んだ永井はぞっとなった。人類が、人類自体の生存か滅亡かを決める力を手にし、それを実行した事実に畏怖したのである。人間の勝手なエゴにより造られた原子爆弾である。思わず、叫んだ。

「戦争をやめろ！　永遠に戦争をやめろ！　長崎に印された原子爆弾の爆痕を、人類闘争史のピリオドとせよ！」

　三日目の夕、一・五キロ離れた自宅へやっと戻ってみると、妻の緑は亡くなっていた。昭和九年（一九三四年）に浦上カトリック教会で結婚式を挙げた妻である。骨を丁寧に拾い、同教会へ赴き、葬った。幼子二人が無事とわかり救われる思いだった。

　一五日正午、天皇陛下によるラジオ放送があり、無条件降伏により戦争は終わった。永井は思う。

〈国は敗れた。しかし被爆負傷者らは生きている。戦争は終わった。しかし医療救護隊の仕事は残っているではないか〉

　永井の思いの通り、その後、避難所の避難民の中から、突然、思わぬ兆候の被爆患者が現れる。そんな患者が増えだして、医療関係者にまで広がった。

　永井は高熱が続く中、救援所に泊まり込みで患者を診療した。時には山間部の往診先へ出かけるなど無理も重ねた。このため何度も意識を失い、倒れ込んだ。この間にも、放射線を浴びた放射線物理療法の専門医師ということで、新聞社や出版社、自治体などから寄稿や講演の要請が相次いだ。

　年が明けて昭和二一年（一九四六年）、仕事のかたわら執筆してきた『長崎の鐘』を書き上げたものの、体調は悪くなるばかりで、暮れから自宅療養になった。それでもなおも『花咲く丘』『原子雲の下に生きて』『いとし子よ』などを執筆・出版した。

昭和二六年(一九五一年)四月二五日に右肩甲骨部に内出血があり、ついに執筆できなくなり、附属病院に入院したが、病状は悪くなるばかりで、五月一日午後九時五〇分、亡くなった。四三歳だった。

永井の墓は長崎市の坂本国際墓地にある。「長崎市名誉市民　永井隆之墓」と刻まれた小さな墓である。

第38墓 白鳥事件――札幌市警の警備課長殺害

白鳥一雄［警察官］
命日　昭和二七年（一九五二年）一月二一日　三八歳
戒名　――
慰霊碑　〈殉難警察官之碑〉　北海道札幌市南区真駒内南町5　北海道警察学校構内
札幌市営地下鉄南北線「真駒内」駅から徒歩二〇分

昭和二七年（一九五二年）一月二一日午後七時四二分ごろ、札幌市警察本部警備課長、白鳥一雄《しらとりかずお》警部（三六歳）が自転車で帰宅途中、札幌市中央区南六条西一六丁目付近で、自転車で追尾してきた男に背後から拳銃で背中を撃たれ、間もなく絶命した。

遺体を解剖した結果、弾丸が脊髄骨を貫いており、それによる出血多量死と判明した。体内から弾丸一発が摘出された。

このころの警察機構は市警・国警の二本立てになっていて、白鳥は札幌市警の公安警備責任者の立場にいた。重要ポストにいる現職警官の殺害事件だけに、国内の注目が集まった。国警・市警・検察庁による合同の「白鳥事件特別捜査本部」が設置された。

二一日の夜遅く、市警本部長は記者会見で、「体内から摘出された弾丸はブローニング拳銃から発射されたもので、現場に落ちていた薬莢《やっきょう》と一致する。犯行は日共関係者によるものと判断できる」と述べた。〝日共〟とは日本共産党の略である。

その言葉通りに翌二二日未明、捜査本部は民主青年団札幌本部などを一斉に捜索し、続いて〝日共関係者〟を片っ端から逮捕した。

特捜本部が〝日共関係者〟に狙いを定めたのは、日本共産党が前年秋の全国協議会で民族解放・民主革命の達成を目指す新綱領を決定し、軍事委員会の指導のもとに中核自衛隊という軍事組織を結成し、武力行動による革命に動きだしていたからだ。また、白鳥警部が札幌の公安警察の責任者として民主運動や労働運動の取り締まりを強めていた前年暮れ、札幌自由労働組合員が〝モチ代〟を要求して集団で市役所前に座り込んだ時、白鳥の指揮で二〇余人が検挙された。その直後、白鳥のもとに「組織的にきっと貴様をバラしてやる」と赤インキで書いたハガキが数通舞い込んでいた。

二二日の夕、北大構内などで「見よ天誅遂に下る！」の見出しのもとに「自由の凶敵！白鳥市警課長の醜い末路こそ全ファシスト官憲共の落ゆく運命である」と書かれたビラが撒かれた。特捜本部は、明らかに日共による挑

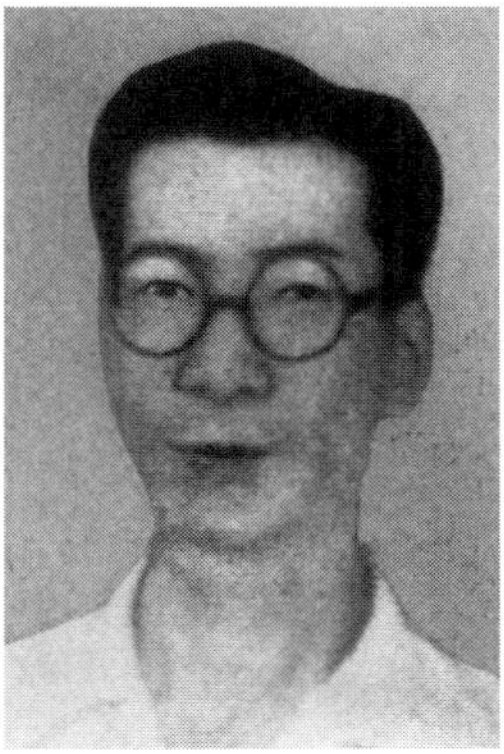

白鳥一雄

〈殉難警察官之碑〉

戦と受け止め、逮捕した容疑者らを厳しく追及した。だが犯行に結びつく証拠は出ず、捜査は難航した。
事件から七カ月経った八月、特捜本部が日共札幌委員会副委員長の佐藤直道を、続いて同委員長の村上国治《くにじ》を別件で逮捕し、追及した。だが二人とも犯行を否認した。ところが一一月中旬になって佐藤が脱党を声明したうえで、「射殺犯人はポンプ職人の佐藤博、命じたのは村上委員長」と供述した。

明けて昭和二八年（一九五三年）五月に逮捕された高安知彦が、一カ月後に離党届を書いたうえ、「白鳥暗殺のため札幌市郊外の幌見《ほろみ》峠の山中で射撃訓練した」と自供した。これにより捜査は急転する。

特捜本部は実行犯の五人を殺人容疑で全国に指名手配するとともに、幌見峠を探索し、八月九日、地中に埋まっていた弾丸一個を発見。翌昭和二九年（一九五四年）四月三〇日にもう一個弾丸を発見した。いずれも白鳥警部の体内から摘出されたものと同一と断定された。だがそれらの弾丸が本当に地中から見つかったものか、疑問視する声も出た。

札幌地検は、高安の自供と地中から見つかった弾丸を証拠に、村上を「白鳥事件」の首謀者として起訴した。札幌地裁で村上と弁護側は、〝転向〟した佐藤や高安の自供は信用できないとし、全面的に否認した。最大の争点になった弾丸の共通性についても、検察側が「極めて類似する」としたのに対して、弁護側は「検査当局の作為が加わっている」として譲らなかった。

裁判は九一回の審理を重ねて結審し、昭和三二年（一九五七年）五月七日、村上に無期懲役刑が言い渡された。村上は控訴した。分離裁判の高安は懲役三年執行猶予三年で確定した。

村上の控訴審は札幌高裁で開かれ、原判決を破棄して懲役二〇年の判決が下された。村上は上告し、最高裁は昭和三八年（一九六三年）一〇月、上告を棄却して刑が確定した。村上は網走刑務所に収容された後、再審請求申立てや特別抗告などで冤罪を主張したが、いずれも棄却された。

昭和四四年（一九六九年）一一月に村上は仮釈放されたが、平成六年（一九九四年）一一月三日、埼玉県の自宅が火災になり、逃げ遅れて焼死した。

白鳥一雄については、墓のかわりに、札幌市南区の北海道警察学校構内に建つ〈殉難警察官之碑〉を掲げたい。明治四四年（一九一一年）に札幌市中央区の中島公園に建てられ、後年、現在地に移された。道内のすべての殉職した警察官の霊を祭る鎮魂の碑である。

第39墓　洞爺丸事故――超大型台風、五連絡船を呑み込む

〈洞爺丸〉乗船者
命日　昭和二九年（一九五四年）九月二六日
慰霊碑　〈台風海難者慰霊之碑〉　北海道北斗市七重浜7
道南いさりび鉄道「七重浜」駅から徒歩二〇分

昭和二九年（一九五四年）九月二六日、青函連絡船〈洞爺丸《とうやまる》〉（四三三七トン）をはじめとする五隻の連絡船が函館港周辺で台風のため相次いで遭難し、死者・行方不明者一五六二人を出す大惨事となった。遭難の原因が台風にあるのは間違いないが、いくつかのハプニングや判断ミスが重なったことも被害を広げた。

洞爺丸は当初、午後二時四〇分ごろに函館港を出港する予定だった。ところがその直前に函館港へ引き返してきた第十一青函丸に乗っていた米軍駐留兵士五〇余人を洞爺丸に移乗させることになった。この作業が手間取り、終了したのは午後三時一〇分。この三〇分の遅れがのちに大きく影響することになる。この間、船内には遅延の情報が伝わらず、待たされて嫌気がさした二〇人ほどの乗客が下船した。

台風一五号が北海道に近づき、函館市内では風速三、四〇メートルの暴風が吹き荒れたが、午後五時になって風速一五メートルほどになったので、船長は洞爺丸を出港させようとした。しかしその時、にわかに風が強くなった。船は出航を見合わせた。不安になった乗客が下船しようとした。だがタラップが下りず下船できなかった。乗客の中には船から岸壁へ飛び降りた者もいた。

午後六時半ごろ、風がいったん収まったので、洞爺丸は函館港を出港した。乗客・乗務員は一三一四人。とこ

ろが防波堤を出た瞬間、予想外の強風が船体を叩いた。午後七時、船長は「防波堤外に仮泊する」ことにした。船は風波に揺られながら、防波堤外の湾内に錨《いかり》を投じて碇泊した。

午後八時ごろになると函館市内の最大瞬間風速は四三メートルを記録し、海上では最大瞬間風速五〇メートルを超えた。船内の乗客たちは救命胴衣を身につけたが、立っていることもできず、船酔いで嘔吐を繰り返す人も出た。

船のエンジンが突然停止し、錨を繋いでいた綱が切れた。船は波浪に打たれて海面を漂いだした。乗客が甲板に出たら危険なので、乗務員が二等船室と三等船室の扉に錠をかけた。午後一〇時二六分、洞爺丸は激しい風波に煽られて上磯町《かみいそ》(現・北斗市)七重浜《ななえはま》沖一〇〇メートルまで流され、大音響を立てて砂地に座礁《ざしょう》した。驚いた乗客が室外に出ようとしたが、扉は錠がかかっていて開かない。船体は四五度の角度で左右に揺れ動きながら、大きく転覆した。乗客の多くは海中に投げ出され、溺れ死ぬ人が続出した。船内から脱出できず、そのまま残り、絶

〈台風海難者慰霊之碑〉

洞爺丸が転覆した七重浜。右奥に見えるのが函館山

命した人も多かった。

風がいったん収まったとはいえ、洞爺丸はなぜ出航することになったのか。その理由の一つは中央気象台の予報だった。中央気象台の予報では台風は三陸沖に抜けるはずだったので、津軽海峡の東側を通れば航海は可能であると船長は判断したのだった。台風が過ぎ去った後の吹き返しの強風は恐ろしいが、西風なら風速三、四〇メートルでも十分、航海できる、と判断した。

もう一つの理由は、船には東京で開催される国鉄管理局局長会議に出席するため、北海道の国鉄札幌局支配人以下、同次長、釧路・旭川の両管理局長らが乗船していたこと。そのため何とか出航するようにとの意向も働いたようだ。

この台風一五号による遭難事故は洞爺丸だけでなく他の青函連絡船――〈日高丸〉(二九三二トン)、〈十勝丸〉(二九一二トン)、〈北見丸〉(二九二八トン)、〈第十一青函丸〉(三一四二トン)――四隻にも及んだ。いずれも転覆あるいは沈没するという大災害だった。

死者・行方不明者は洞爺丸だけで一一七五人。他の四隻を含めると一五六二人にのぼった。洞爺丸一隻の事故としては一九一二年のイギリス客船〈タイタニック〉号の遭難に次ぐ世界海難史上二番目、日本では史上最大の海難事故であった。

慰霊碑は、北海道北斗市の国道二二八号沿いにある七重浜海岸に建っている。眼前に函館湾に広がり、海面に函館山が浮かぶように見える。遭難事故の翌年に建てられたもので、正面に「台風海難者慰霊之碑」と刻まれている。碑の背後には「現し世の試煉」と題する詩歌が刻まれており、いまもゆかりの人が参拝に訪れる。

慰霊碑を建立した同じ年、青函トンネル工事が始まった。台風遭難が工事を後押ししたのは明らかである。青函トンネルが完成して北海道と青森が結ばれ、その一方で青函連絡船が廃止になったのは昭和六三年(一九八八年)のことである。

第40墓　紫雲丸事故——濃霧の中、第三宇高丸と衝突

〈紫雲丸〉乗船者

命日　昭和三〇年(一九五五年)五月一一日
慰霊碑　〈紫雲丸遭難者慰霊碑〉　西方寺　香川県高松市西宝町3－9－27
JR高徳線「高松」駅から車で一〇分

昭和三〇年(一九五五年)五月一一日午前六時四〇分、国鉄宇高《うこう》連絡船〈紫雲丸《しうんまる》〉(一四八〇トン)が香川県高松港を出港した。瀬戸内海を航海して岡山県宇野港に至る本州と四国を結ぶ連絡船で、乗客七八一人を乗せていた。この中には修学旅行の児童・生徒が多数含まれていた。

この日は朝から濃霧が立ち込め、見通しが悪かった。紫雲丸が防波堤を出て間もない午前六時五四分、宇野から高松へ向かう国鉄貨物船〈第三宇高丸〉(一二八二トン)が、濃霧の中から突然現れた。紫雲丸は急ぎ左へ舵を切ったが避けきれず衝突した。

紫雲丸の右舷後部に第三宇高丸の船首が七〇度の角度で食い込み、紫雲丸は大きく左へ傾いた。乗客の半数ほどが甲板から第三宇高丸に乗り移ったが、船内にとどまった人たちは逃げられず、混乱した。

第三宇高丸はエンジンを全開にして紫雲丸を押し動かしたが、急に船首が左に傾いたのでエンジンを停止した。午前七時過ぎ、紫雲丸は女木島《めぎじま》沖合二四〇〇メートルの海域で横転、沈没した。乗客・乗員一六八人が海中に投げ出されるなどして死亡または行方不明になった。

このうちもっとも大きな被害を受けたのが修学旅行の児童・生徒たちだった。島根県の川津《かわつ》小学校五八人のう

ち二一人、愛媛県の庄内《しょうない》小学校七七人のうち二九人、広島県の木江《きのえ》小学校九七人のうち二二人、高知県の南海中学校一一七人のうち二八人の合計一〇〇人、引率の教師八人も犠牲となり、被災者全体の六割に及んだ。助かった人々の話から、大人たちが子どもたちを尻目に逃げだした事実も明らかになった。乗員の犠牲者は船長と乗員一人だ。

翌日の『山陽新聞』に、救出に向かう〈眉山丸《びざん》〉に乗り込んだ記者の次のようなレポートが掲載された。

第三宇高丸に登って甲板に出たとき、思わずアッと息をのんだ。毛布一枚かぶせられて累々と横たわる遺体、そのほとんどがあまりにも小さい子どもたち。しかもだれ一人として救命胴衣を着けていない。これが高松を出発してまもなく、小さな胸を躍らせていた子どもたちの変わり果てた姿だった。

同じ日、読売新聞に掲載された写真が読者の批判を浴びた。波にもまれながら逃げようとする子どもたちの姿を、同乗者が撮影したもので、「写真を撮るくらいなら、なぜ助けてやらなかったのか」という声が渦巻いた。

この海域には六隻の連絡船が配置され、一日六〇往復していた。航海規定では上り便の高松─宇野は直島《なおしま》水道を、下り便の宇野─高松は葛島《かづらしま》水道を通る。所要時間は上り便が一時間五分、下り便が一時間一〇分と定められ、客船が着岸して列車に接続するまで細かいダイヤが組まれていた。濃霧の時は霧中信号を発しながらの航海が原則だった。

この時も両船は霧中信号を発し、互いに相手の船の存在をレーダーで確認していた。それなのに両船は避けきれず衝突したのである。運航規定によれば、連絡船が行き交う時は右舷対右舷、つまり相手を左側に見て航海すると定められている。にもかかわらず紫雲丸は舵を左に切ったのだ。この時、船長は、

「あら、おかしい」

と呟《つぶや》いている。わずかな読みの間違いが大事故を引き起こしたのは明らかである。

事故から七〇年近くが経過した。この間に瀬戸内海をまたぐ本州四国連絡橋ができて鉄路（瀬戸大橋線）でつながり、宇高連絡船は廃止になった。国鉄も解体されてＪＲに変わった。だがこの遭難事故は忘れられることなくいまも語り継がれている。

高松港を見下ろす香川県高松市の西方寺境内に、遭難者慰霊碑が建っている。見上げるほどの観世音菩薩像の台座に「紫雲丸遭難者慰霊碑」と刻まれている。側面には犠牲となった人々の氏名が並んでいる。建立時は港の近くにあったが、後にこの地に移されたという。いまも命日になるとゆかりの人々が集まり、遭難した人々の冥福を祈るという。

〈紫雲丸遭難者慰霊碑〉

読売新聞に掲載された乗船者撮影の写真

第41墓　反骨のジャーナリスト
——独自の筆致で社会を風刺

宮武外骨［ジャーナリスト・文化史家］
命日　昭和三〇年（一九五五年）七月二八日　八八歳
戒名　質直院外骨日亀居士
墓所　染井霊園　東京都豊島区駒込5－5－1
　JR山手線、都営地下鉄三田線「巣鴨」駅から徒歩七分

宮武外骨《みやたけがいこつ》は明治・大正期に活躍したジャーナリストで、『滑稽《こっけい》新聞』『團團珍聞《まるまるちんぶん》』などを通じて、社会を鋭く風刺し、庶民の人気を集めた。その一方で東京帝国大学（現・東京大学）に明治新聞雑誌文庫を創設し、貴重な文化遺産を残した。

宮武は慶応三年（一八六七年）、讃岐国（現・香川県）の庄屋の四男に生まれた。幼名は亀四郎だが、反骨精神に富んでいたことから、一九歳の時、外骨と改めた。亀は外骨の動物というのが理由であり、戸籍上も外骨が本名となる。晩年になり、外骨の読みを「とぼね」とした。

宮武が『頓智《とんち》協会雑誌』を発行したのは明治二〇年（一八八七年）、二一歳の時。この雑誌が世間の注目を集めた。明治二二年（一八八九年）に大日本帝国憲法が発布されると、宮武は、憲法をもじって「第一條、大頓智協会ハ讃岐平民ノ外骨之ヲ統括ス」と書き、天皇の立つ位置に骸骨の絵を描いて掲載したので不敬罪に問われ、禁錮三年、罰金百円の刑となる。

明治三四年（一九〇一年）、今度は大阪に移って『滑稽新聞』を創刊し、悪辣な警察署長や商人を痛烈に批判したり、日露戦争へ突っ走る政府を社説で笑いを交えて批判したりした。宮武の権力に媚《こ》びずにズバリと本質を突く筆勢は評判になり多くの読者から支持された。

政府が宮武を社会主義者＝特別要視察人に指定する中で、宮武は浮世絵雑誌や新聞を使って抵抗し、大正四年（一九一五年）の衆議院議員選挙に立候補して落選。以後は上京して江戸文化を中心とした猥褻《わいせつ》の研究に没頭し、『筆禍誌』『賭博誌』などの奇書を出版した。

明治から大正を経て昭和元年（一九二六年）に外骨は、新聞に「死体買取人を求む」という次のような新聞広告を出した。

当年五十八歳になっても、マダ知識欲の失せない古書研究者、探して居るものを一々挙げれば、新聞全紙を埋めても足りない、それよりか自分一身上の大問題に就て探して居るものを申上げる。

宮武外骨

宮武外骨の墓

亡妻の墓を建てない墳墓廃止論の実行、養女廃嫡のために宮武をやめた廃姓廃家の実行、今は一人身で子孫のために計る心配はないが、たゞ自分死後の肉体をかたづけることに心配して居る。（中略）そこで此死後の肉体を買い取って呉れる人を探して居る。（後略）

（『昭和の遺書　魂の記録』より）

だがまったく応募者は現れず、以後昭和三〇年（一九五五年）まで生きて、忽然と亡くなった。東京都豊島区の染井霊園にある先尖りの墓石が宮武の墓で、正面に「宮武外骨霊位」、並んで妻の「能子霊位」と刻まれている。

第42墓 〝人間嫌い〟の文人――〝偏奇〟と〝自由〟の美学

永井荷風［小説家・随筆家］
命日　昭和三四年（一九五九年）四月三〇日　七九歳
戒名　――
墓所　雑司ヶ谷霊園　東京都豊島区南池袋4－25－1
東京メトロ有楽町線「東池袋」駅、副都心線「雑司ヶ谷」駅から徒歩一〇分

昭和三四年（一九五九年）四月三〇日朝、作家の永井荷風《ながいかふう》が千葉県市川市八幡の自宅で吐血して死んでいるのを、通いの手伝いの老女が発見した。診断の結果、胃潰瘍を患い、吐血が原因となって心臓発作を起こしたものとわかった。

永井は文化勲章を受章した芸術院会員だが、その生活は〝人間嫌い〟を通し、気ままな一人暮らしで、兄弟や親戚とも行き来しなかった。だが浅草にはよく下駄履きで出かけ、ストリップ劇場の踊り子たちと仲良くしていた。そんな〝偏奇〟の人として知られた東京生まれの永井は、若いころから風変わりな行動を見せた。東京高等商業学校附属外国語学校（現・東京外国語大学）の清語科に籍を置きながら、清元や日本舞踊、尺八の稽古をしたり、落語家に弟子入りして高座に上がるなどしていた。

明治三一年（一八九八年）、小説家広津柳浪《ひろつりゅうろう》の門に入り、翌年、一八歳で処女作『おぼろ夜』を発表し、劇作家福地桜痴《ふくちおうち》の下で歌舞伎座の座付作者になった。明治三六年（一九〇三年）からアメリカ、フランスに渡り、五年後に帰国して慶應大文科教授に迎えられ、『三田文学』を主宰。『あめりか物語』『ふらんす物語』『すみだ川』『腕くらべ』『つゆのあとさき』などを次々と発表した。中途半端な欧化を嫌い、江戸情緒が退廃する中で、人間本来の〝自由〟

をとらえようとするこれらの作品は高く評価され、新ロマン派と呼ばれた。

今の世のわかき人々
われにな問ひそ今の世と
また来る時代の藝術を。
われは明治の児ならずや。
その文化歴史となりて葬られし時
わが青春の夢もまた消えにけり。（中略）
くもりし眼鏡ふくとても
われ今何をか見得べき。
われは明治の児ならずや。
去りし明治の世の児ならずや。

（永井荷風「震災」より）

「去りし明治の世の児ならずや」と詠んだ永井だったが、大正を経て昭和になっても戦後まで作品を書き続けた。昭和二七年（一九五二年）、「穏やかな詩情、高い文明批評と鋭い現実鑑賞の三面を備えた創作をなし、外国文学の移植に業績を上げた」として文化勲章を受章した。

この間、大正三年（一九一四年）に一度だけ結婚して、すぐ離婚している。昭和二〇年（一九四五年）、戦災で東京・麻布の自宅「偏奇館」を失い、千葉県市川市のフランス文学者宅に身を寄せた。その後、東京に移り、気ままな暮らしをしていた。酒はほとんど飲まず、タバコと甘い物が好きで、近くの菓子店で菓子を買い求める毎日だった。

馴染みの女性と戯れ、その名前をノートに書き込み、大事にしていた。昭和二九年（一九五四年）には、一七〇〇万円入りの銀行預金通帳が入った鞄を落として話題になったこともある。

遺書は、死の一九年も前に書かれていた。次のようなものである。

（前略）

一、拙老死去ノ節葬式執行不致候事。

一、墓石建立致スマジキ事。

一、拙老生前所持ノ動産不動産ノ処分ハ左ノ如シ。

一、遺産ハ何処ヘモ寄附スルコト無用也。

一、蔵書画ハ売却スベシ。図書館等ヘハ寄附スベカラズ。

永井荷風

永井荷風の墓

一、住宅ハ取リ壊スベシ。（後略）

〈成瀬正勝編『明治文學全集七三　永井荷風集』より〉

葬式執行不致候事――、という遺書にもかかわらず、知人らにより葬式が執り行われた。墓石建立致スマジキ事――、にもかかわらず、その遺骨は父久一郎が設けた東京都豊島区の雑司ヶ谷霊園の墓域に葬られた。墓の正面に「永井荷風墓」とあり、側面に、本名の「永井壮吉」と命日、享年が刻まれている。

永井が亡くなって四年後、宮尾しげおをはじめ文化人四二人が発起人になり、東京都荒川区の浄閑寺に建つ〈新吉原総霊塔〉と向かい合わせに、永井の詩碑と筆塚を建立した。浄閑寺は吉原の遊女の〝投げ込み寺〟といわれ、永井が生前から好んで訪れ「いずれここに葬られたい」という文章を残していたからだった。

第43墓　国会突入で衝突死——六〇年安保の悲劇

樺美智子［学生］
命日　昭和三五年（一九六〇年）六月一五日　二二歳
戒名　——
墓所　多摩霊園　東京都府中市多磨町4－628
京王電鉄京王線「多磨霊園」駅前から京王バス「多磨霊園表門」下車すぐ

昭和三五年（一九六〇年）六月一五日、国会議事堂周辺は緊迫した雰囲気に包まれていた。岸信介内閣が参議院本会議で新日米安全保障条約の批准を議決することに対して、これに反対する全学連主流派の学生たちが議事堂正門前に続々集結した。さらに労働組合員や市民団体などが詰めかけ、群衆は膨大な数に膨れ上がっていた。

この中に東京大学文学部四年、樺美智子《かんばみちこ》もいた。美智子はここで警官隊と衝突して死んでいった。以下、当時の新聞報道と『週刊朝日』昭和三五年七月三日号に掲載された美智子の母・光子の「遠く離れてしまった星―美智子の霊よ、安らかに」から、その経過を記す。

この朝、美智子はスカート姿で母に、「ああ、遅れる。今朝はゼミナールに出なくちゃ」と言い、家を飛び出した。家の勉強部屋の机の上には、卒業論文用の参考書『明治維新史研究講座第四巻』が開かれたまま置かれていた。

美智子は大学に着いて一講目を受講してから、持参したズボンに履きかえて、国会議事堂前へ急いだ。美智子はこの年一月一六日、東大文学部自治会副委員長として羽田空港での新安保調印訪米阻止闘争に加わって逮捕され、一八日間拘置されたが、不起訴処分になった。両親はそれまで娘が全学連に関わっていることを知らなかった。

美智子は母に「革命家になろうとは思わない。私はやっぱり勉強がしたい」「でも今は仕方がない」と言い、五月一九日の国会における自民党の単独強行採決以降は「いのちがけでやらなくちゃ、岸は倒せない」と述べた。潔癖で一途な気持ちから出た言葉であろう。

午後二時過ぎ、議事堂前には九〇校にのぼる大学の学生たちが集結していた。過日の反安保闘争で逮捕されて不在の唐牛《かろうじ》健太郎全学連委員長に替わって、副委員長の北小路敏《きたこうじさとし》が宣伝カーの上から「ここに結集した学生は二万人に達した」と演説した。歓声が沸いた。やがて労組や市民団体なども集まって群衆は大きく膨らんだ。雨が降りだしてきた。

午後五時半ごろ、東大、中大、明大を主軸とした約六〇〇〇人の学生たちが、雨が降りしきる中、スクラムを組んで国会議事堂南通用門の門扉に次々に体当たりした。美智子もその集団の中にいた。扉を縛っていた針金がペンチで切断され、デモの学生たちはどっと構内になだれ込んだ。

構内には衆院議長の要請で警察隊三五〇〇人が配置されていた。学生たちは警官隊に向けて石を投げつけ、警官隊は放水で応酬した。学生たちは阻止線として並べられたトラックや輸送車を引きずり出し、二手にわかれて供待所前と旧議員面会所前まで進出した。

午後七時五分、警官隊は実力行使に出た。

美智子はデモの先頭から一〇数列目に位置し、学生とスクラムを組んで旧議員面会所右側の中庭に進出した際、警官隊に阻止されて後退し、学生の渦の中に巻き込まれて倒れた――というのが参院法務委員会における法務省刑事課長の説明である。

倒れた美智子の体を、警官隊といわず、デモ隊といわず、大勢の人がめちゃくちゃに踏みつけた。東京地検が発表した解剖結果によると「窒息死または腹部に非常に強い力が加えられたために起こった急性出血性膵炎」とある。

美智子の死は学生たちに大きな衝撃を与えた。いったん構外へ引き下がった学生たちは、激昂して再び南通用門から構内に押し入り、美智子の死に対する抗議集会を開いた。一分間の黙祷の後、集団を作って国会議事堂に向かって突き進んだ。警官隊はすかさず迎え撃って学生たちを構外へ排除した。この日の乱闘で学生二六六人が逮捕された。負傷者は学生五八九人、警官隊二六六人に及んだ。

この抗議行動により、アイゼンハワー米大統領の訪日は中止になった。新安保条約は参院の議決を得ないまま、六月一九日午前〇時に自然承認となり、阻止運動は事実上終焉となった。樺美智子の死は「六〇年安保」を象徴する出来事として長く記憶されることになる。

ほどなく母・光子によりまとめられた美智子の遺稿集『人しれず微笑まん』が作られた。

国会前の安保闘争デモ

樺美智子の写真を掲げて“虐殺抗議”する学生たち

樺美智子の墓、背後が墓誌

美智子の墓は東京都府中市の多磨霊園にある。頭部を上にした寝型の墓で、その正面に「樺家之墓」とある。背後に墓誌があり、本人の文字で遺稿集の一節が次のように刻まれている。

最後に
誰かが私を笑っている
向うでもこっちでも
私をあざ笑っている
でもかまわないさ
私は自分の道を行く
笑っている連中もやはり
各々の道を行くだろう
よく云うじゃないか
「最後に笑うものが最もよく笑うものだ」と
でも私は
いつまでも笑わないだろう
いつまでも笑えないだろう
それでいいのだ
ただ許されるものなら
最後に
人しれずほゝえみたいものだ

一九五六年　美智子作

（樺光子編『人しれず微笑まん——樺美智子遺稿集』より）

墓誌にはその後に本人の経歴が綴られ、最後にこう記されている。

父　俊雄　母　光子　兄　茂宏　兄　茂樹　深い悲しみのうちにこゝに埋葬する　一九六〇年九月一五日誌す

第44墓

浅沼稲次郎刺殺事件
——「三党立会演説会」の演壇上で

浅沼稲次郎［社会運動家・政治家］
命日　昭和三五年（一九六〇年）一〇月一二日　六一歳
戒名　―
墓所　多磨霊園　東京都府中市多磨町4－628
京王電鉄京王線「多磨霊園」駅前から京王バス「多磨霊園表門」下車すぐ

山口二矢［政治運動家］
命日　昭和三五年（一九六〇年）一一月二日　一七歳
戒名　浄念超生信士
墓所　梅窓院　東京都港区南青山2－26－38
東京メトロ銀座線「外苑前」駅からすぐ

昭和三五年（一九六〇年）一〇月一二日、東京都千代田区の日比谷公会堂で、ＮＨＫなどの主催による「総選挙に臨む我が党の態度」と題する自民党・社会党・民社党の三党立会演説会が開かれた。日米安保条約の改定が政治問題化しており、会場は聴衆で満員に膨れ上がっていた。

最初に西尾末広《にしおすえひろ》民社党委員長が、続いて午後三時過ぎ、社会党の浅沼稲次郎《あさぬまいねじろう》委員長が演台に立ち、激しい野次が飛ぶ中、演説を始めた。浅沼はこの夏に発足した池田内閣の政策を厳しく批判し、新安保条約をめぐる外交問題を追及した。その時、突然、若い男が右側から壇上に駆け上がり、持っていた短刀で背後から浅沼を突き刺した。浅沼は胸部と腰部を刺されてその場に倒れた。

立会人らが浅沼を抱えてパトカーで日比谷病院へ運んだが、運ぶ途中の午後三時二七分、絶命した。「貧しい人のいない社会を作りたい」と決意し社会主義運動の道を踏み出し、〝人間機関車〟〝ヌマさん〟のニックネームで大衆から愛された政治家の、あまりにもあっけない最期だった。

犯人はその場で丸の内警察署員に取り押さえられた。元大日本愛国党員で全亜細亜反共青年連盟に所属する山口二矢《おとや》（一七歳）といい、陸上自衛隊の一等陸佐の次男と判明した。

山口は、「浅沼稲次郎を国賊として日本刀で刺殺致しました」と供述し、犯行を認めた。捜査当局は山口の背後で操る者がいると睨み、大日本愛国党総裁らを逮捕し、別件で起訴して取り調べた。だが結局、山口の単独犯行と結論づけた。

山口は東京地検で取り調べを受けた後、「少年ではあるが、刑事処分相当」との意見付きで東京家裁に身柄を送致されることになり、一一月二日午後二時、それまで収容されていた警視庁から東京少年鑑別所に移された。山口は殺人罪で成人並みの裁判を受けることになったのである。

刺された浅沼稲次郎（右）と
犯人の山口二矢（左）

浅沼稲次郎の墓

山口二矢の墓

鑑別所に移された山口は、入所手続きなどの時、担当教官にもハキハキした態度で対応し、夕食のカレーをおいしそうに食べた。山口は個室に収容されたが、三人の教官が一〇分ごとに小窓越しにのぞいて監視を続けた。午後八時に入所者の点呼が始まり、教官が目を離した隙に、山口は室内にあったシーツを裂いてより合わせた長さ八〇センチの紐で首を吊って自殺を図った。教官が倒れている山口を発見したのは午後八時三一分。驚いて人工呼吸をしたが、すでに絶命していた。

遺書はなかったが、房内のコンクリート壁に、支給された歯磨き粉を水で溶いたものを用いて、こう書かれていた。

七生報国
天皇陛下万才〔ママ〕

山口は前年、大日本愛国党に入党してから『古事記』を読み、右翼的思想を強め、その一方で左翼は安保闘争を土台にして将来激しい行動に出ると考え、自ら直接行動に出ることを決意して、目標人物を決めて実行に移したのだった。

山口の自殺により、丸の内警察署長、警視庁の警備部長、公安部長が訓戒処分になった。

「浅沼稲次郎刺殺事件」が起こったこの年、河上丈太郎《かわかみじょうたろう》社会党顧問や岸信介首相を狙った襲撃事件が相次いで起こった。

浅沼の墓は東京都府中市の多磨霊園にある。巨体を思わす横長の大きな墓石の正面に、横書きで「浅沼稲次郎之墓」と刻まれている。背面に「解放」の文字が見える。貧しい多くの人々を解き放つという浅沼の思いが込められているのだろう。

山口の墓は東京都港区の梅窓院にある。墓の正面に「山口家之墓」とあり、山口の四十九日に当たるその年一二月二〇日に、父親が建立したものであることが側面に刻まれている。

第45墓 吉展ちゃん事件
——繰り返される不気味な脅迫電話

村越吉展 [事件被害者]
命日 昭和三八年(一九六三年)三月三一日 四歳
戒名 ——
墓所 回向院 東京都荒川区南千住5-33-13
JR常磐線、東京メトロ日比谷線「南千住」駅からすぐ

昭和三八年(一九六三年)三月三一日午後五時四〇分ごろ、東京都台東区入谷町の建設業、村越繁雄の長男、吉展《よしのぶ》ちゃん(四歳)が、自宅前の区営入谷南公園に遊びに出かけたまま行方がわからなくなった。家族が付近を探したが見つからず、午後七時ごろ、下谷北警察署に捜索願を出した。

警察は身代金目的の誘拐ではないかと見て極秘に捜査していたが、犯人からの動きがないので、四月一日、公開捜査に踏み切った。

ところが翌二日夕、犯人から村越宅に脅迫電話がかかってきた。東北訛りの男の声で「五〇万円持って新橋駅前の馬券売り場にこい」と告げた。父親(三四歳)がすぐに出向いたが、犯人は現れなかった。

下谷北署の刑事らが村越宅に張りつき、再びくるはずの脅迫電話を待った。三日夜七時過ぎ、犯人から二度目の電話が来た。録音機が同時に回りだした。男は「坊やは明後日返すから、金を用意しておいてくれ。場所は後で指定する」と告げた。

四日夜一〇時過ぎ、三回目の電話が来た。

「坊やは元気でいる。後で場所を指定するから、金をそこに置くように。サツ（警察）に連絡してはいけない」

五日、警視庁は下谷北署に特別捜査本部を設置した。その夜、四回目の電話が鳴った。

「地下鉄入谷駅の千住寄り入口に子どもの靴下の片方を置くから、金をボロ紙に包んでそこへ置け。時間は後で指定する」

応対した母親（二八歳）がどんな靴下かと尋ねると、「青と黒だよ。靴はバンド付きだよ」と答え、電話は切れた。

捜査本部は電話の主が犯人と確信した。録音された犯人の声がラジオで公開され、人々を震え上がらせた。

六日朝五時三五分、五回目の電話が来て、指定先を伝えた。刑事が密かに現場に張り込んだが、犯人は現れなかった。その夜一一時過ぎ、六回目の電話が来た。

「サツがいて近寄れない。子どもの靴を置くから、そこに金を置いてくれ。場所は後で指定する」

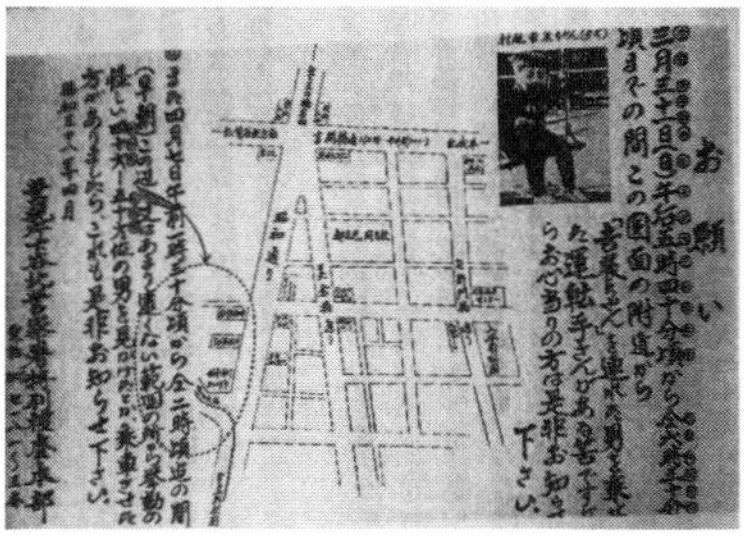

公開捜査で張り出されたビラ

誘拐現場となった入谷南公園

七日午前一時二五分、七回目の電話が来た。

「いますぐ金を持ってきてくれ。おばさん一人で。場所はお宅から真っ直ぐ来ると品川自動車がある。その前に車が五台停まっている。三番目の車の荷台に証拠品を置く。そこに金を置いてすぐ帰るよう。これが最後だ」

母親が自家用の小型トラックに乗り、荷台に刑事が乗り込み、村越家の使用人が運転して指定の場所に急いだ。主力の捜査員らが別の車に乗り別ルートを辿って指定の場所へ向かった。

指定の場所で車を降りた母親が、金包みを駐車中の車の荷台に置いた。刑事がそっと荷台に近づいたが、一瞬の差で、身代金は奪われていた。結局、犯人の姿を見たものはいなかった。その不手際に、警察に対する批判の声が高まった。

特捜本部は膨大な情報の中から浮かび上がった福島県出身の時計職人、小原保（三〇歳）を別件で逮捕した。だがその声は録音の声と明らかに異なっていた。足が不自由であり、犯行などおぼつかないとの見方が警察内部では強まり、いったん釈放された。再び呼び出して取り調べても、決め手はなかった。

小原が三たび捜査線上に現れたのは事件から二年経た昭和四〇年（一九六五年）六月下旬。窃盗罪で前橋刑務所に服役中の小原を東京拘置所に移して追及したところ、七月三日夜遅く、「私がやった。子どもは誘拐後、殺した」と犯行を自供した。自供に基づき捜索したところ五日未明、東京都荒川区の円通寺本堂裏手の墓地から吉展ちゃんの遺体が発見された。これにより事件は発生から二年三カ月後に幕を閉じた。

この事件を契機に、刑法に身代金目的誘拐罪が設けられた。

小原は昭和四一年（一九六六年）三月一九日、東京地裁で死刑判決を言い渡され、控訴したが、東京高裁は棄却。最高裁も上告を棄却して死刑が確定し、昭和四六年（一九七一年）一二月二三日小原は処刑された。三八歳。

吉展ちゃんの霊を慰める〈よしのぶ地蔵〉が二つある。墓のある東京都荒川区の回向院に建つ地蔵像には「吉展地蔵尊」の標識が見える。遺体が発見された同じ荒川区の円通寺境内に建つ地蔵像は、菩薩に抱かれた幼子が彫られたものである。

〈よしのぶ地蔵〉(回向院)

〈よしのぶ地蔵〉(円通寺)

第46墓　日本プロレス界の父——暴力団員に刺殺される

力道山［力士・プロレスラー］

命日　昭和三八年（一九六三年）一二月一五日　三九歳

戒名　大光院力道日源居士

墓所　池上本門寺　東京都大田区池上1-1-1

東急池上線「池上」駅から徒歩一〇分

昭和三八年（一九六三年）一二月八日夜、東京都港区赤坂のナイトクラブで、プロレスラーの力道山《りきどうざん》が、そばを通った暴力団員の村田勝志と揉め事を起こした。不穏な空気を察知した力道山が「仲直りしよう」と言ったが、拒絶されたため、相手の顎を殴りつけ、馬乗りになって殴打した。村田はやにわに登山ナイフを抜いて、力道山の下腹部を刺した。力道山はその場に崩れた。

力道山は病院で応急手当を受けた後、帰宅したが、翌日、症状が悪化して入院した。そして一週間後の一五日夜、死亡した。死因は穿孔性化膿性腹膜炎《せんこうせいかのうせいふくまくえん》とされる。〝昭和のヒーロー〟とうたわれた男のあっけない最期だった。

力道山は朝鮮咸鏡南道《ハムギョンナムド》洪原郡《ホンウォングン》新豊里《シンプンリ》出身。大相撲の二所ノ関部屋に入り、昭和一五年（一九四〇年）五月場所で初土俵を踏んだ。四股名《しこな》は力道山。終戦をはさんで昭和二一年（一九四六年）に入幕し、翌昭和二二年（一九四七年）六月場所、前頭八枚目で九勝一敗の好成績で横綱羽黒山、大関前田山、大関東富士と相星で並び、この場所から設けられた優勝決定戦に臨んだ。

昭和二三年（一九四八年）五月場所では横綱照国を敗るなどして殊勲賞を受賞した。この年、力道山の出身地である朝鮮半島に大韓民国と朝鮮民主主義人民共和国が建国されたが、力道山は出自を公表することはなかった。

翌昭和二四年（一九四九年）、関脇に昇進するが、昭和二五年（一九五〇年）九月場所を目前にして突然、力士をやめて百田《ももた》姓でプロレスラーに転身する。

アメリカに渡った力道山は、ホノルルの日系人レスラー沖識名《おきしきな》の特訓を受け、帰国して日本プロレス協会を設立。昭和二九年（一九五四年）、シャープ兄弟を招いて一四連戦の初の国際試合を興行し、NHKや日本テレビがテレビ放映した。街頭テレビの前は観衆で埋まり、力道山の空手チョップに熱狂した。

昭和三〇年（一九五五年）にはキング・コングを破ってアジアヘビー級王座に、昭和三三年（一九五八年）にはルー・テーズを敗ってインターナショナル・ヘビー級王座に就いた。力道山の人気は高まり、昭和三八年（一九六三年）の覆面レスラー、「デストロイヤー」との試合は、テレビ視聴率六四パーセントを記録した。

その人気の絶頂にいた力道山が、昭和三八年の暮れに思わぬ口論から命を落とすことになった。

力道山の墓は東京都大田区の池上本門寺にある。広い塋域《えいいき》の先に墓があり、正面に「大光院力道日源居

力道山

力道山の墓

力道山の胸像

士」と戒名が刻まれている。手前左に置かれた大きな自然石に「力道山之碑」とあり、右側に腕組みしたレスラー力道山の胸像がある。

墓碑には次のように記されている。

——力道山先生名は百田光浩　九州大村の産　幼にして角界を志し関脇に栄進せるも　一九五一年プロレス界に転身　爾来研鑽鍛錬　又多くの門弟を養成　後進の道を拓き斯界の始祖となり隆盛を齎す

第47墓　望郷の作家――ラジオ番組の録音中に突然死

佐藤春夫［詩人・小説家・評論家］
命日　昭和三九年（一九六四年）五月六日　七二歳
戒名　凌霄院殿詞誉紀精春日大居士
墓所　知恩院　京都府京都市東山区林下町400
阪急電鉄京都線「京都河原町」駅から徒歩一五分
墓所　伝通院　東京都文京区小石川3－14－16
都営地下鉄三田線「春日」駅から徒歩一〇分
墓所　竜蔵寺　和歌山県東牟婁郡那智勝浦町下里473
JR紀勢本線「下里」駅から徒歩八分
墓所　無量光寺　兵庫県明石市大観町10－11
山陽電鉄「西新町」駅から徒歩一〇分

優れた叙事詩や小説で知られる詩人・小説家・評論家の佐藤春夫《さとうはるお》は、大阪朝日放送の依頼でラジオ番組『一週間自叙伝』の六回分の放送を自宅で録音することになった。

収録日の昭和三九年（一九六四年）五月六日、東京都文京区関口町の佐藤宅に朝日放送の大熊邦也プロデューサーらがやってきて、佐藤と大熊が二階の書斎に籠って録音を開始した。

第一回の小学生時代、第二回の中学生時代の前半が終わり、第三回の中学生時代後半の収録に入る前、佐藤は一服しようとタバコに火をつけた。ゆったりと煙を吸ってから、第三回の話の続きを始めようと、

「私はさいわいにして……」

と言いかけて、突然、息苦しそうに顔を歪めた。大熊が、

「先生、大丈夫ですか」

と声をかけた途端、佐藤は崩れるように倒れこんだ。驚いた大熊は介抱しながら千代夫人を呼んだが、書斎には邪魔な音響が入らないように施錠をしていたので、階下にまでなかなか伝わらない。夫人が駆けつけるまでに数分かかってしまった。

夫人が胸に手を当てたが、心臓はすでに止まっていた。時刻は午後六時一五分。あっけない最期だった。享年七二。結局、収録は中断されたままお蔵入りになった。

佐藤は和歌山県新宮市生まれ。慶應義塾大学文学科予科中退。在学中に堀口大學と親交を持ち、叙情詩人として大正八年(一九一九年)にデビュー作『田園の憂鬱』で一躍脚光を浴びた。その後も『或る女の幻想』『指紋』など意欲的な作品を発表して注目された。

大正一〇年(一九二一年)、詩集『純情詩集』を発刊するかたわら、小説『都会の憂鬱』『神々の戯れ』『心驕れる女』などのほか随筆や戯曲、評論、紀行文などを世に送り出した。

本墓は京都河原町の知恩院にあり、伝通院、竜蔵寺、無量光寺の墓にもそれぞれ分骨して葬られている。東京都文京区の伝通院に建っているものは高さ一・五メートルもある角柱の墓で、正面に夫妻の戒名が刻まれている。

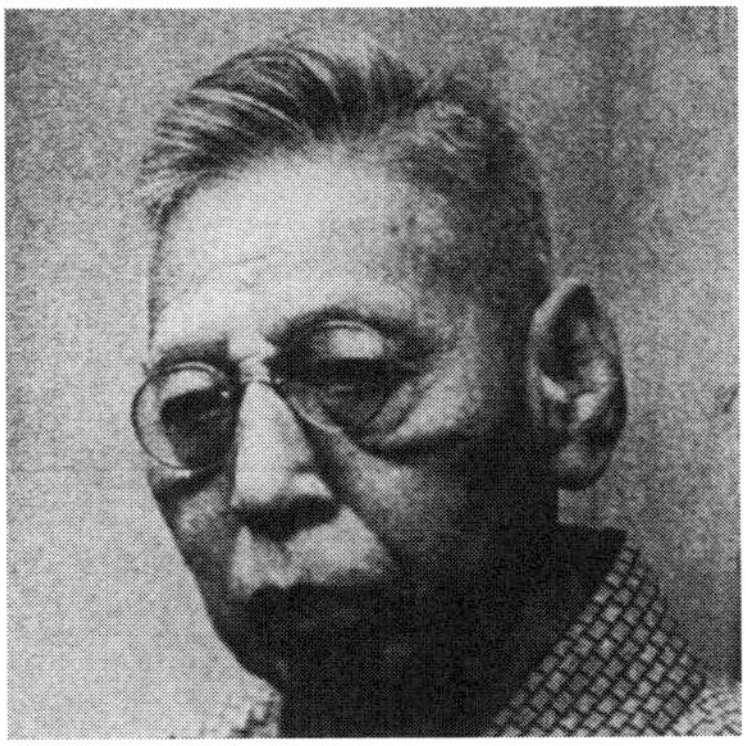
佐藤春夫

佐藤春夫の墓

第48墓

童謡『赤とんぼ』の作詞者

――タクシーにはね飛ばされて死ぬ

三木露風［詩人・童謡作家］

命日　昭和三九年（一九六四年）一二月二九日　七五歳
戒名　穐雲院赤蛉露風居士
墓所　大盛寺別院　東京都三鷹市牟礼2－14－16
京王電鉄井の頭線「三鷹台」駅から徒歩一六分

夕焼、小焼の
あかとんぼ
負はれて見たのは、
いつの日か。

（三木露風「赤蜻蛉」より）

童謡『赤とんぼ』の作詞者で日本を代表する詩人の三木露風《みきろふう》が、突然、交通事故で亡くなり、人々の間に深い悲しみが広がった。

事故が起こったのは、昭和三九年（一九六四年）一二月二一日午前九時一五分ごろ。東京都三鷹市内の下連雀《しもれんじゃく》郵便局で、露風が用事を済ませて出てきたところ、前方をフルスピードで走ってきたタクシーにいきなりはね飛ばされた。露風は左顎から頭部にかけてフロントガラスにぶつけて意識不明になり、すぐ救急車で運ばれたが、頭蓋骨骨折の重態で、すでに顔色は紫色に変わっていた。

三日後に危機を脱したと思われたが、瞳孔《どうこう》の反応がなく昏睡《こんすい》を続け、事故から八日後の暮れも押し迫った同月二九日午後三時三五分、亡くなった。死因は脳内出血。七五歳だった。

露風は兵庫県揖保《いぼ》郡龍野町（現・たつの市）で三木家の長男に生まれたが、五歳の時、両親が離婚したため、祖父のもとで育てられた。子どものころから詩や俳句、短歌を作り、新聞や雑誌に寄稿し、天才少年といわれた。

龍野中学校（現・兵庫県立龍野高校）に一年間学んだ後、中退して上京し、のちに復学した後、早稲田大学で学び、さらに慶應義塾大学で学んだ。

明治三八年（一九〇五年）、一七歳で第一詩集『夏姫』を、その二年後には代表作となる『廃園』を出版して周囲を驚かせた。北原白秋と並んで注目を浴び、〝白露時代〟とうたわれた。

大正七年（一九一八年）ごろから鈴木三重吉による雑誌『赤い鳥』の創刊に端を発する「赤い鳥」運動に参加して、童

三木露風

三木露風の墓

謡の作詞を手がける。この間に北海道上磯《かみいそ》町（現・北斗市）のトラピスト修道院で文学講師を務め、ここで洗礼を受けてクリスチャンになった。

この間の大正一〇年（一九二一年）に童謡集『真珠島』を出版した。同書に掲載された『赤とんぼ』が山田耕筰により作曲された。この曲が発表されると、子どもはもとより多くの人々に歌われて、ブームとなった。大正から昭和初期を越えて現代でもこの歌を口ずさむ人が多いのは、その美しい歌詞と旋律によるといえよう。

露風が住んだ北海道北斗市のトラピスト修道院は正式名称を「厳律シトー会灯台の聖母大修道院」といい、いまも多くの人たちが敬虔な祈りの中で暮らしている。毎日午後四時になると『赤とんぼ』のメロディーが流れて、住民たちの心を癒すのだという。

墓は東京都三鷹市の大盛寺別院にある。高さ一・五メートルほどの自然石の正面に「三木露風之墓」と刻まれている。戒名の「穐雲院赤蛉露風居士」の文字が、軽やかな音楽を奏でているような印象を受けた。

第49墓　北大山岳部遭難事件
——雪崩に埋められ「書置」残す

沢田義一［大学生］

命日　昭和四〇年（一九六五年）三月一七日　二四歳
戒名　日高院山岳義一居士
慰霊碑〈札内川上流地域殉難者慰霊碑〉　北海道河西郡中札内村南札内　清流ふれあい公園内
帯広広尾自動車道「中札内ＩＣ」から車で二三分

昭和四〇年（一九六五年）三月一一日、北海道大学山岳部のリーダー沢田義一《さわだぎいち》（農学部四年）ら六人は、冬の日高山脈縦走のため北海道十勝管内中札内《なかさつない》村字札内を出発した。幌尻《ぽろしり》岳などを経て二〇日に帯広市八千代に下山する一〇日間のスケジュールである。

ところが予定日を過ぎても一行は帰らず、同じ時期に入山していた北大の山スキー部から三月一三日、札内岳（標高一八九六メートル）の下方に延びる札内川上流の十《じゅう》の沢《さわ》で、沢田パーティーと出会ったとの情報が伝えられた。北大山岳部は遭難した可能性があるとして、二六日に北海道警察本部に届け出た。

自衛隊帯広駐屯部隊の飛行機が上空から現場付近を捜索したが、吹雪で視界が悪く、何も見つからなかった。北大山岳部と同ＯＢらが現地に入り、捜索を開始したところ、十の沢付近に大きな雪崩の跡が残っていた。

道警・自衛隊・北大の関係者などによる大がかりな捜索が続けられたが、積雪に阻まれて進展せず、北大山岳部の六人はビバーク中に雪崩に巻き込まれたものと判断、いったん捜索を打ち切った。

三カ月経た六月一三日、北大山岳部の第三次捜索隊が遭難現場と推定される十の沢付近に入り、積雪を掘り起こしたところ、約二メートル下から遺体一体とともに押し潰されたテントや寝袋、ナタなどが発見された。遺体の衣服のポケットに入っていた身分証明書と衣服に付けていた北大山岳部のバッジから、身元は沢田義一リーダーと判明した。

遺体のカッターシャツのポケットから札内岳の地図二枚が見つかり、その裏に、万年筆で「書置」と書かれた遺書が発見された。この文面から雪崩は三月一四日午前二時ごろに発生し、沢田リーダーは雪崩の下敷きになり仲間と連絡が取れないまま、四日間にわたり、書き続けていたことがわかった。

文面の一部を省略し以下に掲げる。なおデブリとは雪の塊のことで、住江と珠代は沢田リーダーの妹の名である。

三月一四日(日?)の深夜二時ごろ(後で時計を診て逆算した)突然ナダレが雪洞をおそい、皆寝ているままにして埋めてしまった。最初雪道の斜面がなだれたのかと思ったが、後ですきまを少しずつ広げてみた結果、入口よりデブリがなだれこんできたものだった。皆は最初の一しゅんで死んだようだったが、私は幸いにして口のまわりに間隙があったのを次第次第に広げて、ついにナタで横穴を二メートル近く掘って脱出しようとしたが、外はデブリで埋っているためか、一向に明るくならずついに死を覚悟する。(中略)

お母さんお父さんごめんなさい。一足先に行かしてもらうだけです。きっと何かに生まれ変ってくるはずです。僕はその時お母さんお父さんを見守っているはずです。(中略)

何が無くたって命だけあれば沢山だ。死を目の前にしてそう感ずる。親より早く死ぬのは最大の情ない

気持ちだ。（中略）

三月一四・一五・一六・一七と寝たり掘ったりする。日付は時計の針でのみ計算する。（中略）掘っても掘っても明かるさがでてこないのでがっくりしている。

生は一〇％ぐらいだろう。（中略）

住江、珠代へ

先に死んでしまってごめんよ。お母さん、お父さんはこれからお年寄りになっていくんだから二人仲よくして、お兄ちゃんの分もよく面倒をみてあげて下さい。

昌子姉へ、

お母さんお父さんのことよろしく。

沢田義一

沢田義一の墓

〈札内川上流地域殉難者慰霊碑〉

お母さん今死んでしまうなんて残念だ。切角背広も作ったのにもうだめだ。

（沢田義一『雪の遺書――日高に逝ける北大生の記録』より）

沢田リーダーの遺体が発見された翌日、そこから僅か一メートル下で、残る五人の遺体が発見された。寝袋に入り、並んで眠ったままの姿だった。

北海道十勝管内の日高山脈山岳センターに、現場で発見された遺品が残されている。山岳センターの近くには、札内川上流地域で遭難または事故死した人を弔う殉難者慰霊碑が建っている。

第50墓　〝ワンマン宰相〟内閣退陣——難航する戦後政治を牽引

吉田茂［外交官・政治家］
命日　昭和四二年（一九六七年）一〇月二〇日　八九歳
戒名　叡光院殿徹誉明徳素匯大居士
墓所　久保山墓地　神奈川県横浜市西区元久保町3－24
京急電鉄本線「黄金町」駅またはJR横須賀線「保土ヶ谷」駅前から路線バス「久保山霊堂前」下車、徒歩四分

吉田茂《よしだしげる》は〝ワンマン宰相〟の異名をとり、良くも悪くも敗戦にうちひしがれた戦後日本の政治を方向づけた人物である。高知県出身で、戦前はリベラルな官僚として、憲兵隊に睨まれた。妻は明治の元勲と言われた大久保利通の孫娘である。

敗戦翌年の昭和二一年（一九四六年）元旦、天皇は神格否定の詔勅《しょうちょく》を出した。GHQ（連合国軍最高司令官総司令部）は指令第一号として軍需生産の全面停止を命じ、戦争犯罪人三九人の逮捕と財閥解体を指示した。同時に政治犯三〇〇〇人が釈放された。

慌ただしく世相が変化する中で、社会党・自由党・進歩党などの政党が相次いで誕生し、共産党も息を吹き返した。幣原《しではら》喜重郎内閣が総辞職し、第一党の自由党総裁鳩山一郎が組閣を準備していたが、その矢先に公職追放になり、党内ナンバー2の吉田茂に首相の椅子が転がり込んできた。吉田内閣の誕生である。

新選挙法による初の総選挙が実施され、自由党は一四一議席を獲得して第一党になり、吉田は国会に憲法改正案を提出、「第九条は自衛権の発動としての戦争も交戦権も放棄することを意味する」と述べ、賛成多数で議決された。

労働運動が活発になり、吉田は翌昭和二二年(一九四七年)の年頭の挨拶で、労働運動指導者を「不逞《ふてい》の輩《やから》」と呼んで問題化した。四〇〇万人の労働者が、吉田内閣打倒と賃上げを要求してゼネストに突入しようとしたが、GHQの命令で中止。そうした中で政党は離合集散を繰り返し、第一回参議院選挙に続く新憲法下初の衆議院選挙では、社会党が自由党を抜いて第一党になり、社会・民主・国協連立の片山哲連立内閣が誕生し、吉田は野に下った。

だが片山内閣は七カ月で総辞職し、次の芦田均《ひとし》連立内閣も芦田が「昭和電工事件」に関わり総辞職した。民主自由党(民自党)と名を変え第一党となった民自党総裁の吉田が昭和二三年(一九四八年)一〇月、再び総理の座につき、連立をせずに単独内閣を組織する。しかし内閣不信任案が可決され、吉田は対抗手段として衆議院を解散。総選挙の末、今度は大勝する。以来、吉田は講和条約の締結、日米安保条約の締結など直面する重要な政治課題を次々に処理し〝ワンマン宰相〟の名をほしいままにした。この間に民自党は自由党に改名する。

昭和二八年(一九五三年)二月二八日、吉田は質問に立った右派社会党の西村栄一に対して「バカヤロー」と言ったため国会は紛糾し、懲罰動議に続いて内閣不信任案が可決された。吉田は総辞職を拒否して衆議院を解散。総選挙で自由党は圧勝して、吉田はますますワンマンぶりを発揮する。造船疑獄が起こると、犬養法相に命じて指揮権を発動させ、幹事長佐藤栄作の逮捕を食い止めた。犬養は辞任。

吉田は自由党議員らに対し「流言飛語《りゅうげんひご》に耳を貸すな」と述べた。国会開会中、新聞記者席に向かってコップの水を撒いて批判されもした。

警察法改正案が国会を通過し、保安隊が陸上自衛隊に変わる中で、欧米を外遊中の吉田は「帰国後も政権を担当する」と述べた。だが党内が分裂し、衆議院予算委員会は吉田の造船疑獄の責任を追及して吉田の告発を決議した。帰国した吉田は、国会解散で中央突破を図ろうとしたが断念し、昭和二九年（一九五四年）一二月、吉田内閣は総辞職した。これにより鳩山一郎内閣が誕生する。

吉田が亡くなったのは昭和四二年（一九六七年）一〇月二〇日。享年八九。葬儀は国葬により執り行われた。吉田の墓は神奈川県横浜市の久保山墓地にある。墓の正面に「吉田茂之墓」と刻まれている。国立公文書館に近い北の丸公園そばの通路沿いに、吉田の銅像が建っている。

吉田茂

吉田茂の墓

第51墓 メキシコ五輪目前の死
——「走れません」の遺書残し

円谷幸吉［マラソン選手］
命日　昭和四三年（一九六八年）一月九日　二七歳
戒名　最勝院功誉是真幸吉居士
墓所　十念寺　福島県須賀川市池上町101
　　　JR東北本線「須賀川」駅から徒歩二〇分

昭和四三年（一九六八年）一月九日午前一一時ごろ、東京オリンピックの銅メダリストで陸上自衛隊三等陸尉の円谷幸吉《つぶらやこうきち》（二七歳）が、東京都練馬区大泉学園町の陸上自衛隊体育学校幹部宿舎の自室ベッドで、右手首の動脈を切り、死んでいるのを隣室の同僚が発見した。

円谷はその年の秋に迫っていたメキシコオリンピックのマラソン競技で、金メダルが期待されていただけに、世間に大きな衝撃が広がった。

自室に長文の遺書が残されていた。両親、六人の兄夫妻、甥・姪など一人ひとりに分けて感謝の言葉を綴っていた。

父上様、母上様、三日とろゝ美味しうございました。干し柿、もちも美味しうございました。
敏雄兄、姉上様、おすし美味しうございました。
勝美兄、姉上様、ブドウ酒、リンゴ美味しうございました。

巌兄、姉上様、しそめし、南ばんづけ美味しうございました。

喜久造兄、姉上様、ブドウ液、養命酒美味しうございました。又いつも洗濯ありがとうございました。

幸造兄、姉上様、往復車に便乗さして戴き有難とうございました。モンゴいか美味しうございました。

正男兄、姉上様、お気を煩わして大変申し訳ありませんでした。（中略）

最後に次のような文面が記されていた。


父上様母上様、幸吉は、もうすっかり疲れ切ってしまって走れません。

何卒　お許し下さい。

気が休まる事なく御苦労、御心配をお掛け致し申し訳ありません。

1964年東京五輪で激走する円谷選手（右）

円谷幸吉の墓

幸吉は父母上様の側で暮しとうございました。

校長先生　済みません。

高長課長　何もなし得ませんでした。

宮下教官　御厄介お掛け通しで済みません。

企画室長　お約束守れず相済みません。

メキシコオリンピックの御成功を祈り上げます。

（長岡民男『もう走れません――円谷幸吉の栄光と死』より）

円谷は昭和三九年（一九六四年）秋、東京オリンピックのマラソン競技に日本代表として出場し、二位でトラックに入ってきたものの、後続のイギリスのヒートトリー選手に抜かれて三位に甘んじた。しかしこのメダル獲得は日本陸上界にとっては二八年振りのもので戦後初の快挙とされた。

それだけに国民の多くは次期オリンピックへの円谷に大きな期待を寄せ、円谷もまた「次期はぜひ金メダルを取りたい」と決意を述べた。

ところが昭和四二年（一九六七年）夏、円谷は椎間板《ついかんばん》ヘルニアと右アキレス腱炎を患い、手術を受けた。さらにアキレス腱部分断裂で入院し、退院後も体調がはかばかしくなかった。そんな中で不器用なほど真っ正直な円谷は、国家・国民のためにも、何としてもオリンピックに出場し、金メダルを取らねば、と苦悩し続けた。そしてその重圧にしだいに押し潰されていく。

死を決意したのは昭和四二年の暮れの時期と推察できる。年の瀬の一二月三〇日、実家の福島県須賀川市に帰郷した円谷は、親族たちに囲まれ、和やかな数日間を過ごした。

新しい年を迎えた一月四日、円谷は両親や親族と別れ、東京に住む五兄幸造の運転する車で自衛隊体育学校幹部宿舎に戻った。ここで気持ちの整理をつけ、遺書を書いたのであろう。一月八日朝に同僚と会話を交わしているので、自殺したのは八日夜から翌九日明け方近くの間と推測できる。遺体となって発見されるまで丸一日以上経過していた。

金メダル候補の突然の死に、国民は驚きの声を上げた。そして円谷をそこまで追い詰めていた現実に言葉を失った。東京オリンピックの栄光からわずか三年三カ月後の、悲劇的な結末であった。識者らは「金メダル主義の犠牲者だ」と論評した。

円谷の墓は、故郷の福島県須賀川市の十念寺にある。正面に「故二等陸尉従七位勲六等圓谷幸吉之墓」とあり、左下に「古井武繁書」と刻まれている。陸将だった古井は元自衛隊陸上体育学校校長で、円谷の師に当たる。側面に戒名と命日などが刻まれている。

第52墓　昭和の名横綱

――前人未到の連勝記録、六九で止まる

双葉山定次［力士］
命日　昭和四三年（一九六八年）一二月一六日　五七歳
戒名　霊山院殿法篤日定大居士
墓所　善性寺　東京都荒川区東日暮里5－41－14
JR山手線、京浜東北線「日暮里」駅から徒歩四分

安芸ノ海節男［力士］
命日　昭和五四年（一九七九年）三月二五日　六六歳
戒名　卅七代横綱安藝の海節男
墓所　観音寺　広島県広島市南区元宇品町15－1
広島電鉄「元宇品口」駅から徒歩一五分

昭和一四年（一九三九年）一月一五日、大相撲春場所は四日目を迎えた。この日は日曜日で藪入《やぶい》りの日に当たっていた。横綱双葉山《ふたばやま》の七〇連勝成るかということで、東京・両国国技館は前夜から観衆が詰めかけ、夜が明けるころにはすでに座席は埋め尽くされていた。

双葉山の相手は前頭筆頭の安芸ノ海《あきのうみ》。前年五月に新入幕を果たし、二場所目でこの地位まで駆け登ってきた出羽海部屋の期待の新鋭である。

両者立ち会い、安芸ノ海が猛然と突っ張って出た。双葉山がこれを突き返すと、安芸ノ海は素早く右で前褌《まえみつ》を

取る。双葉山は右を差し、安芸ノ海が左上手を取って頭を胸につけた。双葉山は右の下手から引き揚げるようにすくい投げを打った。だが安芸ノ海は崩れない。もう一度すくい投げを打った時、双葉山の体が少し後ろに傾き、左足が浮いた。安芸ノ海はとっさに右足で外がけを仕掛けながら右前褌《まえみつ》を引きつけると、双葉山は横倒しになって落ちた。

無敵の双葉山が敗れた！　想像もしていなかった大番狂わせに場内は騒然となり、座布団が乱れ飛んだ。新聞社が号外を出す騒ぎとなった。

『東京朝日新聞』は社会面トップで、次の見出しとともに写真三枚組で報じた。

〝不抜の双葉城〟陥落す
英雄安芸は泣く　藪入日に鉄傘未聞の嵐
（『東京朝日新聞』一九三九年一月一六日朝刊より）

双葉山、安芸ノ海に敗れる

「穐吉家」と刻まれた双葉山の墓

「力塚」の石垣に刻まれた「双葉山定兵衛」の文字

「永田家」と刻まれた安芸ノ海の墓

双葉山は負けても堂々としていた。だが新聞記者の「どんな気持ちですか」という質問に「ええ、あまり好い気持ちではないです」と答え、「どうして敗けたんです」と問われて、「どうしてったって敗けましたよ」と複雑な微笑をした――と記されている。

一方、安芸ノ海は一躍ヒーローになった。観衆に揉みくちゃにされながら部屋に戻ると、一門の親方衆や力士たちから祝福を受けた。安芸ノ海はすぐに広島の母に〝オカアサン、カチマシタ〟と喜びの電報を打った。

双葉山は翌五日、六日と敗れて三連敗を喫し、九日目も敗れて四敗となり、周囲から不安の声が漏れた。だが、翌五月場所は見事に立ち直り、安芸ノ海をはじめ前場所敗れた四力士にことごとく勝って一五戦全勝で優勝した。昭和一五年（一九四〇年）一月場所からは相撲の取り組みが東西制となるが、この場所も双葉山は一四勝一敗で優勝し、再び強い横綱双葉山を見せつけた。

安芸ノ海はその後、双葉山と一〇回対戦したが、一度も勝つことができなかった。しかし後に横綱に昇進した。

双葉山は昭和二年（一九二七年）、一六歳で立浪部屋に入門。昭和六年（一九三一年）に十両に昇進したが、ここで足踏みした。そのころ天龍らが相撲協会から脱退する事件が起こり、残った力士だけで改正番付が作られ、双葉山は翌昭和七年（一九三二年）二月、幕内に特進した。

以後順調に昇進し、昭和一一年（一九三六年）一月場所の二日目に新横綱武蔵山を倒し、五日目に大関男女ノ川《みなのがわ》を敗った。六九連勝のスタートは七日目の瓊ノ浦《たまのうら》戦の勝利からで、この場所九勝二敗（一一日制）の好成績で関脇になり、さらに全勝優勝を続けて大関となった。一三日制になった大関二場所目の昭和一二年（一九三七年）五月場所も全勝優勝して横綱に昇進。翌一三年（一九三八年）一月と五月場所も全勝優勝して五連覇を達成し、ここまで六六連勝を記録して、双葉山黄金時代を築き上げた。安芸ノ海に敗れるのはその翌場所である。

昭和二〇年（一九四五年）六月場所を最後に引退した。その二カ月後に日本は太平洋戦争の敗戦を迎える。そのせいか双葉山の引退を敗戦に結びつけた国民も多かったようだ。

引退後、双葉山は年寄時津風となり、相撲協会理事長として大相撲改革に乗り出し、力士の給与制度、枚数削減、部屋別総当たり制、年寄定年制などを断行した。

晩年は劇症肝炎に罹るが、昭和四三年（一九六八年）一一月場所の千秋楽には土俵に上がり、優勝した大鵬に優勝旗を手渡した。その後も体調不良が続き、東大病院に入院する。入院から一カ月も経たない一二月一六日、亡くなった。享年五六。

双葉山の墓は東京都荒川区の善性寺にある。角形の黒御影石に本姓の「穐吉家」とのみが刻まれているだけで、名横綱双葉山を思わすものは何もない。むしろ両国国技館に近い墨田区の回向院境内に建つ「力塚」碑の石垣に「関脇　双葉山定兵衛」と朱色で塗られていて、往時を偲ばせる。相撲協会が昭和一一年（一九三六年）に建立したものである。

安芸ノ海の墓は広島県広島市の観音寺にある。周囲に壁が設けられていて、墓の正面に「永田家之墓」と刻まれている。右側面に「卅七代横綱安藝の海節男」の文字が見える。これが戒名で、妻のたっての要望によるものという。裏面には埋葬者の名が並んでいて、「昭和五十四年三月二十五日　三十七代横綱安藝の海節男」と刻まれている。本名の節男の読みは「たかお」、四股名《しこな》では同じ字で「せつお」と読む。

第53墓 日本の喜劇王——エノケンの泣き笑い人生

榎本健一［喜劇俳優］
命日　昭和四五年（一九七〇年）九月二〇日　五六歳
戒名　天真院殿喜王如春大居士
墓所　長谷寺　東京都港区西麻布2－21－34
東京メトロ銀座線、千代田線、半蔵門線「表参道」駅から徒歩一五分

〝エノケン〟のニックネームで知られる喜劇俳優榎本健一《えのもとけんいち》は、大人から子どもまで笑いの世界に誘い込んだ。エノケンの出演する映画はどれも大当たりで、〝喜劇王〟や〝爆笑王〟と讃えられ、一世を風靡した。

エノケンは明治三七年（一九〇四年）一〇月一一日、日露戦争の真っただ中に、鞄店を営む榎本家の長男に生まれた。幼くして母を亡くし、祖母に育てられるが、その祖母も亡くなり、父親に育てられる。だが生来のやんちゃな性格から、小学生時代の通信簿は落第点の「丁」ばかり。そこで鉛筆でうまく「甲」に直して父親に見せたが、すぐばれたというエピソードがある。ちなみに当時の成績評価は「甲」「乙」「丙」「丁」の四段階だった。

芸人としての第一歩は浅草オペラの根岸大歌劇団。ここは西欧モダン文化とオペレッタの趣向がミックスした場で、コーラス・ボーイとしてデビューしたエノケンは、小柄な体で『勧進帳』などに出演し、しだいに頭角を現していく。

だが大正一二年（一九二三年）に発生した関東大震災ですべてが破壊された。浅草オペラも壊滅し、巷には失業者が溢れて不景気風が吹きまくる中、カフェ、ダンスホール、キャバレーが繁盛し、頽廃《たいはい》的な流行歌が流れ、エロ・グロ・ナンセンスの時代に移っていく。

流行の先端をゆく活動写真の撮影地である京都嵐山の舞台で、仲間たちと寸劇『猿蟹合戦』を演じた時、サル役のエノケンがお櫃《ひつ》からこぼれた米粒を、サルを真似て愛嬌たっぷりに拾いながら食べた。そのアドリブに観衆は笑い転げた。これが喜劇役者への道を歩きだす決定的瞬間となった。

エノケンはそれ以降、浅草松竹座を舞台に喜劇を演じ、その一方、トーキーの進出に伴い松竹などの映画に登場、『エノケンのちゃっきり金太』『エノケンの孫悟空』など数々の作品に出演。さらに「笑いの王国」を結成して舞台を沸騰させた。そのころ古川ロッパが声帯模写で売り出しており、〝下町のエノケン、丸の内のロッパ〟とうたわれた。

終戦後も『エノケンの月光値千金』『これが自由というものか』『花のお江戸の法界坊』『雲の上団五郎一座』『乾杯ごきげん野郎』など映画に数多く出演する。NHKラジオやテレビにも出演した。『お父さんの季節』『話の散歩』『テレビ・ショー』などエノケンの出演する番組の人気は抜群だった。

榎本健一

榎本健一の墓

「喜劇王エノケンここに眠る」と彫られた墓碑

そんなエノケンに恐ろしい病魔が忍び寄る。昭和二七年(一九五二年)一月、舞台に出演中、右足指に激痛が走った。特発脱疽(バージャー病)という膝から下を切断しなければならない足の病気だった。しかしエノケンは右足の爪先だけを切る急場しのぎの治療をして、再び舞台に立った。この間に長男を亡くす。

昭和三九年(一九六四年)、エノケンは病気の再発で動けなくなり、足を大腿部から切断することになる。その絶望感から自殺未遂を起こす。

それでも義足をつけて舞台に立った。だが客足はしだいに遠のき、病院の治療費の支払いも滞るようになった。やむなく場末のキャバレーなどを回り、家計を支えた。

自著のあとがきにこんな文章が残されている。

> 病気になってからは、働けないうえに、出費がかさんでしまって、税金四百万円が、どうにもならず、それに督促料や延滞利子がついて、大変辛ら《〔ママ〕》かった。なんとか働けるまで延期してもらうよう頼んだが駄目で、関係方面に迷惑かけてはと、結局家を売って完納した。こうした経験から、僕は喜劇人協会の会長としても、俳優には停年《〔ママ〕》がないのだから、五十五才以上になったら、免税にしてやってもらえないだろうか、と当局にお願いしたいと思っている。
>
> (榎本健一『喜劇こそわが命』より)

エノケンはそれでもなお舞台に立ち続けた。友人たちはそれを見て「おかしみより凄味のほうが強かった」と語った。

数日前まで舞台を務めていたエノケンが突然亡くなったのは昭和四五年(一九七〇年)九月二〇日。喜劇王の五六年の人生の幕がここに閉じられた。

墓は東京都港区の長谷寺にある。立派な「榎本家之墓」の左手に大きな自然石が置かれ、石表面に「喜劇王エノケン　ここに眠る」と刻まれており、右脇に「従五位勲四等」の文字が見える。そのどこかちぐはぐな感じがおかしかった。

第54墓 自衛隊総監室で割腹自殺
――バルコニーで蜂起を叫ぶ

三島由紀夫［小説家・劇作家］
命日　昭和四五年（一九七〇年）一一月二五日　四五歳
戒名　彰武院文鑑公威居士
墓所　多磨霊園　東京都府中市多磨町4－628
京王電鉄京王線「多磨霊園」駅前から京王バス「多磨霊園表門」下車すぐ

昭和四五年（一九七〇年）一一月二五日午前一一時ごろ、東京都新宿区市谷本村町の陸上自衛隊市ヶ谷駐屯地に建つ自衛隊東部方面総監室（二階）を、作家の三島由紀夫《みしまゆきお》（四五歳）が訪れた。三島が主宰する民間防衛組織「楯の会」会員四人も同行した。全員、楯の会の制服をまとっていた。

総監の益田兼利《ましたかねとし》陸将（五七歳）は三島と会員らを応接用の椅子に座らせた。三島は益田に自衛隊体験入隊の話をし、益田は三島が持参した日本刀を手にして褒《ほ》めたたえた。刀を三島に返した直後に事態は一変した。

会員の神奈川大生小賀正義《こがまさよし》（二二歳）が益田の背後に回り、いきなり飛びかかって首を絞め、口を塞いだ。明治学院大生小川正洋《おがわまさひろ》（二二歳）と元神奈川大生古賀浩靖《こがひろやす》（二三歳）が駆け寄り、益田の両腕をロープで後ろ手に縛り、両足を縛り、手拭いで猿ぐつわを噛ませた。小賀が短刀を突きつけた。元早大生森田必勝《もりたまさかつ》（二五歳）が総監室の玄関口などを椅子やテーブルなどで封鎖した。だがこの段階でも益田は、三島らがふざけているものと思っていたという（後の法廷での陳述による）。

異変を感じた自衛隊員らが救出に駆けつけたが、古賀ら会員は刀を振り回して抵抗し、七人に怪我をさせた。三島らは「自衛官全員を総監室前のバルコニー前に集結させ、三島の演説を聞け。応じなければ三島は総監を殺し、自決する」と書面で伝えて脅迫した。

何も知らない自衛官らざっと一〇〇〇人が、バルコニー前に集まってきた。午前一一時五五分、「七生報国」と書いた鉢巻きをした三島は、森田らとともに二階の窓からバルコニーの上に出て、檄文を配った。そこには憲法改正を訴え、自衛隊員の決起を促す文面に続いて、以下のように記されていた。

今こそわれわれは生命尊重以上の価値の所在を諸君の目に見せてやる。それは自由でも民主主義でもない。日本だ。われわれの愛する歴史と伝統の国、日本だ。これを骨抜きにしてしまつた憲法に体をぶつけて死ぬ奴はゐないのか。もしゐれば、今からでも共に起ち、共に死なう。

駐屯地のバルコニーで演説する三島由紀夫

三島由紀夫の墓

――（三島由紀夫「檄」より）

自衛隊警務隊やヘルメット姿の警察機動隊が到着し、テレビ局のディレクターや新聞社の記者、カメラマンらが詰めかけた。上空ではヘリコプターが回って騒然とする中、三島は絶叫した。だがヤジに跳ね返されて、届かない。

三島はバルコニーから総監室に戻ると、人質の総監に「恨みはありません。自衛隊を天皇にお返しするためです」と述べた。

三島は総監から三メートルほど離れた赤い絨毯の上に、バルコニーに向かって正座した。小賀が総監に突きつけていた短刀を、森田の手を経て三島に渡した。三島が抜き身の日本刀を森田に渡す。森田が背後に回ると、三島は短刀を両逆手に構えて気合もろとも左脇腹に突き刺し、右へ回した。切腹の作法通りである。三島が首を上げると同時に、森田は上段に振りかぶり、首を切った。だが首が落ちず、二度目は上体が前のめりになって切れない。古賀が森田から刀を受け取り、首を切った。首の皮を一枚残すと言う古式にのっとったもので、最後に小賀が三島の手にしていた短刀で、切り離した。

続いて森田が上半身裸になり、三島と並ぶ形で正座し、短刀で割腹した。古賀が刀を振るって介錯した（以上は古賀の供述による）。

楯の会の古賀・小賀・小川の三人は監禁致傷・暴力行為等処罰ニ関スル法律違反・傷害・職務強要・嘱託殺人の五つの罪名で起訴された。論告公判で検察側は「民主主義を否定する反社会的な行動であり、軍国主義復活論の論拠まで与え、日本にとって迷惑。その罪状も大きい」として懲役五年を求刑した。三被告は最終陳述で「どんな刑を受けても本望です」とした後、「自分らが否定する憲法の下で裁判を受けることに矛盾を感じる」とも述べた。

判決公判は昭和四七年（一九七二年）四月二七日に開かれ、検察側の主張をほぼ全面的に容れて、三人に懲役四年を言い渡した。検察側、弁護側とも控訴せず、刑が確定した。

三島の墓は東京都府中市の多磨霊園にある。正面に本姓の「平岡家之墓」と刻まれている。筆者が訪れた日、墓前に美しい花が供えられていた。いまも時折、墓参に訪れる人がいると教えられた。静寂に包まれた墓前に立ち、あの日の衝撃的な事件を追想した。

第55墓　あさま山荘事件——連合赤軍との銃撃戦に斃れる

高見繁光〔警察官〕
命日　昭和四七年（一九七二年）二月二八日　四二歳
戒名　——

内田尚孝〔警察官〕
命日　昭和四七年（一九七二年）二月二八日　四七歳
戒名　——
慰霊碑　〈治安の礎〉　長野県軽井沢町発地
北陸新幹線、しなの鉄道「軽井沢」駅から車で八分

昭和四七年（一九七二年）二月一九日午後四時過ぎ、長野県北佐久郡軽井沢町発地のレイクニュータウンに建つ河合楽器健康保険組合保養所「あさま山荘」に、新左翼組織「連合赤軍」の男性五人が猟銃や爆弾などを携えて侵入し、管理人の妻（三一歳）を人質にして立て籠もった。

急報を受けた軽井沢署は装甲車を出動させ、鉄カブト・防弾チョッキの武装警察官一〇〇人を動員して山荘の周辺を包囲し、スピーカーで投降を呼びかけた。だが犯人側はそのたびに銃を乱射して、拒絶の態度を見せた。

長野県警は軽井沢署に「連合赤軍事件本部」を設置し、機動隊を出動させ、警察官は総勢三〇〇人に膨れ上がった。だが下手に攻撃すると人質の生命に関わるので、持久戦の構えをとった。マスコミが大勢押しかけ、テレビは現場から生中継する騒ぎになった。

籠城から四日目の二二日昼前、一人の民間人が山荘に近づき連合赤軍に射撃されて重傷を負い、八日後に絶命

した。警察側は二三日午後四時ごろ、山荘への送電線を切断し、特別狙撃隊が山荘の五〇メートル先まで接近して、ガス弾を撃ち込んだ。連合赤軍側が反撃したので、周辺は硝煙に覆われた。

膠着状態が続いた後、警察庁長官は山荘突入を命じた。二八日午前一〇時、クレーン車と放水車が建物に接近した。山荘内から反撃の弾丸が飛び、警察隊はガス弾を撃ち込んだ。

午前一〇時五〇分、高さ八メートルのクレーン車の上から吊るした直径六〇センチの巨大な鉄球が、山荘の東壁を水平打ちした。たちまち大きな穴が空き、その穴に水が激しく注がれた。銃弾の応酬が激しくなった。鉄球が垂直打ちに変わり、ドスーン、ドスーンと音が響いて、屋根が一気に崩れた。

午前一一時三一分、警視庁特科車両隊の高見繁光《たかみしげみつ》警部(四二歳)が、山荘の玄関前に積み上げられた土嚢の陰から立ちあがろうとした時、連合赤軍の放った銃弾が顔面を貫いた。警部は意識不明の重態になり、上田市内の病院に運ばれたが、間もなく亡くなった。

「あさま山荘事件」の舞台

〈治安の礎〉

それから二七分後の午前一一時五八分、警視庁第二機動隊隊長の内田尚孝《うちだなおたか》警視(四七歳)が頭部を撃たれて昏倒した。柔道仲間だった宇田川信一主席管理官は『文藝春秋』平成七年新年特別号にこう書いている。

「側にいた私は、「マフラーで止血を」と叫んだ。白いマフラーがみるみる赤く染まったのを覚えている」

内田警視は直ちに病院に運ばれたが、間もなく死亡が確認された。警官隊の悲憤が一段と高まった。

午後六時、夕暮れが迫り、投光機に照らされる中、総攻撃が始まった。機動隊が破れた壁から躍り込み、三階の一室に隠れていたメンバーの坂口弘、坂東國男、吉野雅邦と少年二人(兄弟)の五人を逮捕した。人質の管理人の妻は二一八時間ぶりに無事に救出された。

「あさま山荘事件」で犠牲になった二人の警察官の慰霊碑は、軽井沢駅から約四キロ、車で山道を八分ほど走ると見えてくる。筆者が再訪した日は、事件から二〇年経過した時だった。ちょうど命日に当たり、軽井沢署の警察官たちが慰霊祭を前に、碑前の雪かき作業をしていた。

「このあたりに前線基地のテントが置かれ、交替で長期戦を戦いました。二人が相次いで亡くなったあの日のことは忘れようにも忘れられません。壮絶極まる最期でした」と年配の警察官は言った。

「あさま山荘事件」をきっかけに、連合赤軍の仲間同士の血も凍るような大量リンチ事件が表面化する。群馬県警は「あさま山荘事件」より先、連合赤軍の森恒夫、永田洋子、奥沢修一、中村愛子の四人を逮捕していたが、そのうちあさま山荘の陥落を知らされた奥沢が、「これは大久保清の事件より、恐ろしい事件です」と身を震わせながら述べたのが追及の口火となった。

捜査の結果、森と永田は、同志とともに妙義山《みょうぎさん》、榛名山《はるなさん》、迦葉山《かしょうざん》などのアジトを転々とするうち、革命と総括の名のもとに、仲間をリンチにかけて次々と殺害し、遺体をその場に埋めていたことが判明する。犠牲者は一二人にのぼった。

連合赤軍幹部の森と永田の死にも触れておきたい。森は逮捕後、公判を前にした昭和四八年(一九七三年)元旦、東京拘置所の独房で首を吊って自殺した。二八歳だった。永田は一審で死刑判決を受け、高裁もこれを支持。最高裁も上告を棄却して死刑が確定した。しかし執行前の平成二三年（二〇一一年）に、脳腫瘍のため東京拘置所で獄死。六五歳になっていた。

第56墓　ノーベル賞作家、ガス自殺——文豪の死に漂う影

川端康成［小説家］

命日　昭和四七年（一九七二年）四月一六日　七二歳
戒名　文鏡院殿孤山康成大居士
墓所　鎌倉霊園　神奈川県鎌倉市十二所512
　JR横須賀線、湘南新宿ライン「鎌倉」駅から京急バス「鎌倉霊園正門前（太刀洗）」下車すぐ

昭和四七年（一九七二年）四月一六日午後九時過ぎ、ノーベル文学賞作家の川端康成《かわばたやすなり》が仕事場に用いている神奈川県逗子市小坪のマンション四階の自室付近から、ガスの臭いがするのを同じマンションの住人が察知し、管理人に通報した。

管理人らが鍵を使い扉を開けようとしたが、内側に鎖がかかっていて開かない。ちょうど訪ねてきた川端家のお手伝いの女性と協力して、鎖を切断して中に入ったところ、川端が浴室に近い三畳間のフロアで、ガス管をくわえて倒れているのを発見。医師が急行したが、すでに絶命していた。

逗子署の調べで、遺体の近くにウイスキーの瓶があり、ウイスキーを飲んだ後、ガス自殺を図ったものと断定された。遺書はなく、原因ははっきりしないが、三月に盲腸の手術をした後、健康がすぐれなかったといい、それが直接の原因と推測された。

しかし川端がここへくる時は、いつもお手伝いの女性と二人連れなのに、この日は一人で、しかもフロントに挨拶もせずにエレベーターで自室に行くなど普段と違っており、何らかのトラブルが影響している、との噂も立った。

川端の自宅は鎌倉市長谷にあり、前年一一月には『新潮』八百号記念に短編「隅田川」を発表し、同誌一二月号からは「志賀直哉」の連載を始めるなど、仕事を意欲的にこなしていた。また数年前から集英社の『日本古典文学全集』に入れる源氏物語の現代語訳にも取り組んでいた。

マンションはこの年の一月から借り、週三回ほど仕事場として使っていた。体調がすぐれないのに、秋の日本ペンクラブ主催の日本文化研究国際会議の仕事に打ち込んでいた。

川端は大阪生まれ。幼くして父を亡くし、祖父母のもとで暮らすが、その祖父母も亡くなる。中学二年で作家を志し、『京阪新聞』に小作品を投稿した。第一高等学校を経て東大文学部に入学し、今東光らとともに同人誌『新思潮』を発刊。そこに書いた「招聘祭一景」が菊池寛に評価される。卒業後、横光利一らと新感覚派運動を興し、同人雑誌『文藝時代』を創刊して「伊豆の踊子」を発表した。

大正一五年（一九二六年）、第一短編集『感情装飾』を発表。結婚後に東京奥多摩郡杉並町に移り住み、同人雑誌

川端康成

川端康成の墓

『手帳』を創刊。小説『雪国』『禽獣』などを発表し、『雪国』は文芸懇話会賞を受賞。さらに『故園』『夕日』などで菊池寛賞を受賞した。昭和二〇年（一九四五年）春、報道特派員として鹿屋《かのや》基地に赴き、神風特別攻撃隊神雷部隊を取材し、打ちのめされる思いで『生命の樹』を執筆した。その後、『千羽鶴』『山の音』を発表した。

戦後の昭和二三年（一九四八年）、日本ペンクラブ第四代会長になり、国際ペンクラブ大会を東京で開催した。昭和四三年（一九六八年）、ノーベル文学賞を受賞し、ストックホルムでの授賞式に紋付羽織袴姿で出席し、「美しい日本の私──その序説」と題して記念講演をした。

日本の伝統美を追求し、日本人の心の精髄を描いた作家ともいわれ、国際的にも高い評価を受けていた。それだけにこの突然の死は、国内だけでなく国外にも大きな波紋を呼んだ。

墓は神奈川県鎌倉市の鎌倉霊園にある。家紋入りの「川端家墓所」の標柱の背後が広い塋域《えいいき》になっていて、中央に五輪石塔の墓がある。背後にもう一つ、高さ一・五メートルほどの白御影の墓があり、正面に「川端家之墓」と刻まれている。左手に墓誌が置かれ、そこに「勲一等旭日大褒賞」「ノーベル文学賞」に並んで戒名・命日・氏名などが刻まれている。

第57墓 しゃべくり漫才の祖——関西弁で〝笑い〟ふりまく

花菱アチャコ［漫才師・喜劇俳優］
命日　昭和四九年（一九七四年）七月二五日　七七歳
戒名　阿茶好院花徳朗法大居士
墓所　高野山金剛峯寺〈楽書塚〉　和歌山県伊都郡高野町高野山132
南海電鉄高野線「極楽橋」駅から南海高野山ケーブルを経て高野山内路線バス「奥の院」下車、徒歩五分

昭和戦前、大阪に愉快な漫才師コンビが現れた。花菱《はなびし》アチャコと横山エンタツといい、『早慶戦』などの出し物で明るい笑いを振りまいた。

漫才というとそれまでは唄や踊りや楽器演奏を取り入れた色物的漫才がほとんどだったが、この二人はアチャコのボケとエンタツのツッコミという形態のしゃべくり漫才で人気を集めた。アチャコの「ムチャクチャデゴジャリマスルガナ」のギャグが飛び出すと、観衆はどっと沸き立った。現在の話術中心の漫才形態はこの二人により確立されたといってもよい。

アチャコは明治三〇年（一八九七年）、福井県勝山市生まれ。本名藤木徳郎。生家は法沢院という寺。両親とともに大阪に出て、父は仏壇職人に、アチャコは奉公に。一五歳で山田九州男一座に入り、後に漫才に転向して、初めてアチャコを名乗った。昭和五年（一九三〇年）、エンタツとコンビを組み、観客を笑いの渦に引き込んだ。だがアチャコが中耳炎を患い、四年でコンビを解消。

戦後は喜劇俳優としてラジオ番組『アチャコ青春手帖』『お父さんはお人好し』に出演して人気者になり、映画化もされてそれも大ヒットした。黎明期のテレビに出演して、「さいなもうー」「ムチャクチャデゴジャリマスルガナ」のギャグで再び人気に火がついた。

テレビの前の子どもたちが面白がってその言葉を真似するほどの流行語になった。その挙げ句、宿題を忘れた子どもが先生に叱られて、

「ムチャクチャデゴジャリマスルガナ」

とやって、まともに怒った先生が子どもを廊下に立たせたまま下校してしまった、という笑えぬ事態まで引き起こした。

アチャコの人気は続き、映画『二等兵物語』『女と兵隊』『ハワイ珍道中』『ラッキー百万円娘』『珍説忠臣蔵』『アジャパー天国』『憧れのハワイ航路』『喜劇駅前弁当』など数多くの映画に出演した。

昭和二八年（一九五三年）暮れ、大阪千日グランドのこけら落としでエンタツと久々に組んで『僕の家庭』を披露し、ブランクを感じさせない巧みな話芸を展開した。

昭和四〇年代（一九六五年〜）になり、アチャコは体調を崩して入院した。年齢はもう六〇代後半。無理はできない体だが、入院中のアチャコは少しも挫けず、病床でギャグを連発した。

亡くなる年の昭和四九年（一九七四年）夏、病院から出した暑中見舞いがいかにも奮っている。

「なにせ、ちょっと、えらいことにと、なりにけりでございます。この三月に腸がユチャクしよりまして、ユチャクやて、オウチャクすぎますわ」

こう書いた後に次の一句を添えた。

――負けはせぬ夢は舞台で見得を切り

だが病を克服することはできず、昭和四九年（一九七四年）七月二五日に逝く。七七歳だった。一世を風靡したアチャコの戒名は、「阿茶好院花徳朗法大居士」と書いて「アチャコイン………」と読む。絶妙な院号である。

墓は高野山金剛峯寺の墓地にある。訪ね訪ねてその場に立った。石碑がいくつも林立していて、どれが墓なのか判然としない。左側に〈楽書塚〉という碑があり、全面に塚の案内碑が、その背後に納骨堂がある。右手にノートを開いた形の碑に、「らくがきは即ち良久加幾で好いこと　長く更に活力を増すもの」と刻まれていて、墓参者が書いたのであろう数々の落書きが見える。一番右手が句碑で、アチャコが詠んだ一句、「笑われて　浮世をおくる顔にで来」と読める。

どこからか「オウチャクセンデヨウキタナ」というあの声が聞こえてくるようで、懐かしい気持ちにさせられた。

花菱アチャコ

花菱アチャコの墓

第58墓 大久保清事件――仮釈放後一カ月で八人殺害

大久保清［死刑囚］
命日　昭和五一年(一九七六年)一月二二日　四一歳
戒名　――
墓所　東京拘置所納骨堂　東京都豊島区南池袋4－25－1　東京都立雑司ヶ谷霊園管理事務所隣　都電荒川線「都電雑司ヶ谷」駅から徒歩五分

昭和四六年(一九七一年)三月末から群馬県内で、若い女性が次々に行方不明になる事件が起こった。群馬県警は女性を標的にした犯罪と見て捜査したところ、四月一一日、富岡市内の女性(一九歳)が乗用車に乗ったベレー帽の男性に「絵のモデルになってほしい」と誘われ、強姦されていたことがわかった。

五月九日夕には藤沢市内の女性(二一歳)が「絵のモデルを頼まれたので、断ってくる」と言って自転車に乗って出かけたまま帰らず、怪しんだ女性の兄が付近を見回って放置された妹の自転車を発見。そばに白色の乗用車に乗った不審な男がいたので、車のナンバーを書き留めて藤沢署に届け出た。

兄は同時に私設捜索隊を作って捜索を開始し、一三日、この車を前橋市内で発見、乗っていた男を捕まえて前橋署に突き出した。男は群馬県高崎市八幡町の無職、大久保清《おおくぼきよし》(三六歳)で、強姦致傷で四年間服役し、この三月二日に府中刑務所を仮釈放で出所したばかりだった。

大久保は前橋署から藤岡署に送られ、五月一四日、わいせつ目的誘拐罪で逮捕された。だが大久保は取り調べに素直に応じず、捜査は進展しなかった。そうした中で五月二一日、榛名湖畔の土中から行方不明になっていた高崎市の女子高生(一七歳)の遺体が発見された。警察は大久保の容疑を強姦および殺人に切り替えて厳しく追及したが、大久保は犯行を否認。群馬県警は捜査本部を設置し、行方不明になっている七人の女性の公開捜査に踏み切った。

五月二六日になって大久保は藤沢の女性の殺害を自供。それに基づき妙義山麓の畑に埋められていた遺体を発見した。続いて六月三日になって榛名湖畔の女子高生殺害を自供したので、翌日、警察は大久保を連れて現地に赴き、自供場所から遺体を発見した。大久保はさらに四人の殺害を自供し、女性（一六歳、一七歳、一八歳）の遺体が、さらに公開捜査リストに入っていなかったもう一人の女性（一七歳）の遺体が発見された。

大久保は七月二九日、残る二人の遺体を埋めた場所を見取り図で示した。それにより高崎市の工業団地造成地から家事手伝いの女性（二一歳）と県庁臨時職員の女性（一九歳）の遺体を発見。犠牲者は八人にのぼった。公開捜査で発表された行方不明者七人のうち残りの二人は無事だった。

大久保の供述によると、車を走らせている時見つけた若い女性に「ドライブしませんか」と声をかけ、車に誘い

妙義山麓で遺体のありかを探す大久保清（衣服を頭からかぶっている）

東京拘置所納骨堂

込むと「絵のモデルになってください」などと言って人気のない場所まで行き、情交を迫り、拒絶されると襲いかかって乱暴し、首を絞めて殺害した。声をかけた相手は一五〇人に及んだという。

ベレー帽をかぶり、車中では画家や教師を名乗り、文学や山の話をしたりすると、相手はたいてい信用したという。

大久保は強姦致傷罪・強姦罪・殺人罪・死体遺棄罪で起訴され、前橋地裁で審理され、昭和四八年（一九七三年）二月二二日、検察の求刑通り死刑の判決が言い渡された。大久保は控訴せず死刑が確定した。死刑が執行されたのは昭和五一年（一九七六年）一月二二日。

大久保の遺骨は東京都豊島区の東京拘置所納骨堂にある。コンクリート建ての窓のない建物で、正面に扉が付いているが一般の人は中に入ることはできない。納骨堂のすぐ隣には雑司ヶ谷霊園管理事務所がある。

第59墓　昭和を謳歌した銀幕の大女優
――歯を抜き、老婆役を演じる

田中絹代［俳優・映画監督］

命日　昭和五二年（一九七七年）三月二一日　六六歳
戒名　迦陵院釋尼絹芳大姉
墓所　下関中央霊園　山口県下関市大字井田
　JR山陽本線「新下関」駅から車で一五分
墓所　圓覚寺塔頭松嶺院　神奈川県鎌倉市山ノ内453
　JR横須賀線、湘南新宿ライン「北鎌倉」駅からすぐ

田中絹代《たなかきぬよ》こそ、昭和の時代とともに生きた名女優といえよう。明治四二年（一九〇九年）、山口県下関市生まれ。小学生だった一〇歳の時、大阪・楽天地の琵琶少女歌劇に出演したのを学校に咎められたため退学。大正一三年（一九二四年）に『元禄女』でデビュー。翌昭和一四年（一九二五年）、松竹蒲田に移って純情スターとして人気を集めた。昭和六年（一九三一年）、日本初の本格的トーキー作品『マダムと女房』で主演を務めて圧倒的な人気を集めた。『愛染かつら』は、観客の熱い涙を誘い、国民的なアイドルとなった。

戦後は『女優須磨子の恋』『風の中の牝鶏』などで毎日映画コンクール女優演技賞、さらに『西鶴一代女』『おかあさん』『煙突の見える場所』『おとうと』『サンダカン八番娼館　望郷』で各種の映画女優賞、ベルリン国際映画祭最優秀女優賞を受賞した。

年齢とともにさまざまな役をこなしたが、四〇歳で演じた『真昼の円舞曲』は、健康な前歯を四本抜くなどして、

その役に徹しきった。中でも深沢七郎の小説を原作とする木下恵介監督作品の『楢山節考』は、絹代が自らのすべてを賭けた作品といわれた。

主人公の老婆おりんは、亭主に先立たれ、息子辰平の嫁にも先立たれ、三人の孫を抱えて息子の後添えを探す。この村は貧しく、口減らしのために七〇歳になると楢山まいりという〝姥捨て〟の風習があった。悲痛な思いで老婆を背負う息子、背中でなだめる老婆……。

この撮影で老婆役の絹代は、演技のために四年前に抜いた後の差し歯で、石臼にかじりつき、その歯を折ってしまうという鬼気せまる演技を見せた。老婆を捨てた息子が泣きながら山をくだる場面では、封切当時の映画館で観客席から異様などよめきが起こったのを私は忘れることができない。『楢山節考』で田中絹代はこの年のキネマ旬報賞女優賞を受賞した。

絹代はさらに初の女性監督となり、京マチ子主演『流転の王妃』など五本の作品を撮った。

しかし別れは突然やってきた。昭和五二年（一九七七年）一月、絹代は脳腫瘍による激痛に見舞われ、都内の病院に入院した。病状は日に日に悪化していたが、それでも急報で見舞いに駆けつけた従弟の映画監督小林正樹に、

「目が見えなくても、やれる役はあるだろうか」

と尋ねるなど、映画への意欲を見せていた。

その一方で、親しい男性俳優にこうも述べた。

「私、墓いらない。骨は粉にして岬の海に棄ててちょうだい」

この年の三月二〇日から容体が急変し、翌二一日朝は一時的に持ち直したかに見えたが、また悪化し、午後二時過ぎ、静かに息を引き取った。

戦前の昭和から戦後の昭和にかけて、日本の映画界をまっしぐらに駆け抜けた生涯だったといえる。

墓は故郷の山口県下関市の下関中央霊園にある。正面に「田中家之墓」と刻まれており、遺骨はここに納まって

いる。命日にはいまも墓前で「花嵐忌」が催されるという。

神奈川県鎌倉市の圓覚寺塔頭松嶺院にも分骨を納めた墓がある。小林正樹らが三回忌に建立した記念碑的な墓で、楕円型の碑面の右側に本人の胸像が浮き彫りされている。左側に歌人・書家の会津八一《あいづやいち》の筆跡で「藝に遊《あそ》ぶ」と刻まれている。

田中絹代

田中絹代の墓

胸像がはめ込まれた田中絹代の墓碑

第60墓

永遠のヒロインを演じた名優
——新派の枠にとらわれず幅広く

水谷八重子［俳優］
命日　昭和五四年（一九七九年）一〇月一日　七四歳
法名　水月院釋尼春光
墓所　築地本願寺和田堀廟所　東京都杉並区永福1−8−1
京王電鉄京王電鉄京王線、井の頭線「明大前」駅から徒歩八分

新派の大看板といわれた俳優、水谷八重子《みずたにやえこ》が亡くなったのは昭和五四年（一九七九年）一〇月一日。七四歳。大輪の牡丹にたとえられ、八重子が登場しただけで舞台が燦然《さんぜん》と輝くとまでいわれた。

本名松野八重子。明治三八年（一九〇五年）、東京生まれ。八歳のとき、美少女はメーテルリンク作『内部』の子役で初舞台を踏み、話題をさらった。その三年後の大正五年（一九一六年）、『アンナ・カレーニナ』のアンナの息子セルジー役で初めて水谷八重子を名乗った。続いて大正九年（一九二〇年）、『青い鳥』のチルチル役を好演した。この間に私立雙葉学園に学び、卒業。

大正一二年（一九二三年）、関東大震災で東京は廃墟の町と化した。そんな中、八重子を中心に第二次芸術座が結成され、演劇活動が続けられた。会場はいつも超満員で、八重子が登場すると観客は歓声を上げげた。

やがて松竹の専属となった八重子は、新派大合同の演劇『金色夜叉』のお宮を演じて圧倒的な人気を集め、松竹

のドル箱スターになった。

だが日中戦争から太平洋戦争へと戦火が拡大していき、舞台を観るどころではなくなった。やがて終戦。消えかけていた新派が息を吹き返し、八重子の演技に磨きがかかっていく。興行を重ねるたびに観客は増えていった。八重子は新派の枠にとらわれず、それを超えて現代劇にも挑戦し、役柄を広げていった。映画にも出演し、その美貌は衰えを知らず、圧倒的な人気を集めていった。

だがそれを打ち砕くように、病魔が忍び寄る。

昭和三六年(一九六一年)夏、体調に異変を感じて病院で検査したところ子宮ガンと診断される。治療をしながら舞台や映画撮影に臨んでいたが、乳ガンにもなり、昭和四〇年(一九六五年)に手術をした。その時、八重子は、

「これで私、女の器官を全部取っちゃった」

とはにかみながら語ったという。

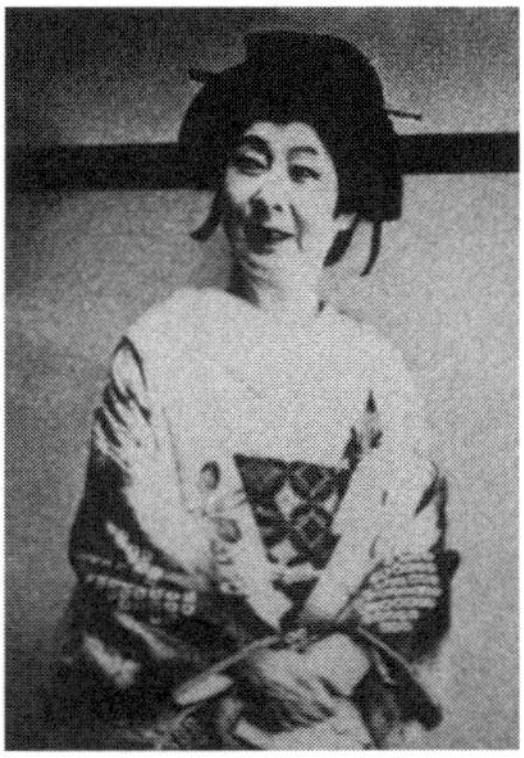

水谷八重子

水谷八重子の墓

手術後は再びに現場に戻り、舞台・映画・テレビなどで変わらぬ艶やかな姿を見せ、華のあるスターを貫いた。

八重子の新派に反抗していた娘の水谷良重《よしえ》は、倒れた母の代役として舞台を踏むことになり、稽古を続けていた。そして八重子の死の前日、容体を気遣い病室を訪れた良重に八重子は朦朧《もうろう》となりながら、

「舞台に帰ってちょうだい」

とうわ言のように呟いた。

その翌日、八重子の身体がおかしくなった。知らせで駆けつけた良重は、マッサージを受ける母の最期を看取ることになる。良重による伝記にはこう書かれている。

工藤先生（医師）の額から、ポタポタと汗が流れて、母の胸に落ちていた。

先生、もう、いい……。やめて……。

心からそう願った。

死が残酷なのか……生が残酷なのか分からなかった。

ただ、マミーに静けさだけでも取り戻してあげたかった。

「ご臨終、です」

汗まみれのまま、工藤先生の声が静かに響いた。

（水谷良重『あしあと——人生半分史』より）

墓は東京都杉並区の築地本願寺和田堀廟所にある。木々に囲まれた中に「水谷竹紫之墓」と「松野家之墓」と刻まれた二つの墓が並んで建っている。水谷竹紫《ちくし》は劇作家で八重子の伯父であり、八重子は松野家先祖代々の墓に眠っている。墓の右側に小説家・劇作家の川口松太郎の自筆の碑が建っている。

第61墓　昭和の爆笑王——死の床も笑いのネタ探しに没頭

林家三平［落語家］
命日　昭和五五年（一九八〇年）九月二〇日　五四歳
法名　志道院釋誠泰
墓所　常福寺　東京都足立区東伊興4－6－1
東武鉄道伊勢崎線「竹ノ塚」駅から徒歩一八分

「三平デース、ドーモスイマセン」

寄席の舞台に上がると、いきなり叫び、ちぢれ髪の頭に手をやる。どっと沸く笑い声。それだけで会場は爆笑を期待する独特の雰囲気に早変わりする。落語家林家三平《はやしやさんぺい》。寄席だけでなく、テレビにも引っ張り出されて、全身で笑いを振りまいた。

本名は海老名泰一郎。父は七代目林家正蔵。長男なので、幼いころから見よう見まねで落語を学んだ。三平の妻でエッセイストの海老名香葉子のエッセイに、正蔵が亡くなった時、姑のうたが泣きながら三平のことを評した話が書かれている。

「お父さんはねえ、泰一郎（三平）のことを「あの子は、なんか面白いとこがあるからきっと伸びると思うよ。お母さんや、本人には言ってはいけないけどね」って。ベッドの中から、あたしにそう言ったんですよ……。そのとき、なんかもう……お父さんのお墨付きをもらったって思っちゃった」
（海老名香葉子『姑　うた様と——下町は今日も青空』より）

正蔵が亡くなったのは昭和二四年（一九四九年）一〇月二六日、享年五五。三平は大正一四年（一九二五年）一一月三〇日生まれだから、父が亡くなった時は二四歳だった。旧制中学校を出て軍隊に入り、終戦で除隊後に父正蔵に入門したばかり。父はまだ駆け出しの三平の素質を見抜いていたことになる。

父の死後、三平は七代目橘家圓蔵の門に転じて前座からやり直し、二ツ目時代に『今日の演芸』の司会に抜擢され、その八方破れぶりが受けて、二ツ目にして鈴本演芸場でトリをとるという前代未聞の人気者になった。

昭和三三年（一九五八年）真打に昇進する。ちょうど皇太子時代の平成天皇が民間出身の美智子妃と成婚し、そのパレードがテレビで放映され、これを機にテレビが茶の間の主役になった。ニュースと並んでドラマや歌謡曲などの娯楽番組が台頭した。落語や漫才がブラウン管に登場しだすと、「スイマセン」を連発して笑いを振りまく三平は〝爆笑王〟の異名を持つお笑い芸人のトップになった。

古典落語の愛好家からすれば三平の芸は邪道といえようが、その古典落語の殻を破ったような三平独自の「リズム落語」「三平落語」は、常人には真似のできないものだった。

落語界に新しい風を吹かせた林家三平。弟子もどんどん増えていった。そんな時に三平の身体に異変が起こる。熱が出て、息苦しいと本人が言いだし、周囲も三平が急に痩せたように感じた。

三平は弟子たちを集めて、

「こん平を頭に、みんなで結束して、三平一門の隆盛を頼む」

と話した。弟子たちにとっては、よもやこれが師匠の遺言になろうとは思いもよらなかった。

昭和五五年（一九八〇年）九月七日、三平は三八度五分の高熱を押して、東京・上野の鈴本演芸場に赴いた。文字通りの熱演で会場を笑いの渦に巻き込んで高座を下りると、付き人に「バカ受けだったな」と満足そうに語ったという。

しかしその後も高熱が続いて体調が戻らず、一八日、東京都内の病院に入院し、診察を受けるが、その後、医

師から妻・香葉子ら家族に、

「肝臓ガンであと三カ月の寿命です」

と告げられる。

だが三平は、それを知ってか知らずか、芸への執念を燃やし続け、ベッドで落語のネタになる素材を探すために新聞や週刊誌を読みあさっていたという。亡くなったのは九月二〇日、一冊の本を読み終えた二時間後の午後三時三六分。最後の最後まで芸に生きた生涯だった。

墓は東京都足立区の常福寺にある。本堂左裏の墓所の三段墓表面に「海老名家之墓」と刻まれていて、父の正蔵はじめ海老名家一族とともに眠っている。

林家三平

林家三平の墓

第62墓　台湾旅行中に事故死
――チョウの採集を兼ねた旅で

向田邦子［脚本家・小説家］

命日　昭和五六年（一九八一年）八月二二日　五一歳
戒名　芳章院釋清邦大姉
墓所　多磨霊園　東京都府中市多磨町4-628
京王電鉄京王線「多磨霊園」駅前から京王バス「多磨霊園表門」下車すぐ

脚本家・小説家の向田邦子《むこうだくにこ》は、昭和五六年（一九八一年）八月二〇日から五日間の日程で、台湾へチョウ採集を兼ねた取材旅行に出かけた。台北空港に到着し、二一日は台北の故宮博物院などを見学した。

翌二二日午前一〇時、向田は遠東航空の台北発高雄行きのボーイング737ジェット旅客機に乗り込み、空港を飛び立った。乗員乗客一一〇人を乗せた同機は離陸して間もない一〇時九分、台北南西約一五〇キロメートルの苗栗県三義郷の上空に差しかかった時、突然爆発し、同乗していた全員が爆死した。

向田はホームドラマの人気脚本家で、多忙を極める中、時間を割いて台湾取材旅行に出かけたのだった。チョウを採集するのを楽しみにしていたという。

向田は独り暮らしで、自宅の留守番電話の音声には本人の声でこう吹き込まれていた。

「向田でございます。わたくし、ただいま旅行に出かけておりまして、戻りますのは二五日の夜遅くでございます。お急ぎの方は泊まり先を申し上げますので、そちらにご連絡ください。二三日は高雄の……です」

その高雄への移動中に、乗ったジェット機の爆発で向田邦子は帰らぬ人となったのだった。向田はもともと飛行機に乗るのが嫌いで、その年五月に次のようなエッセイを書いていた。

このところ出たり入ったりが多く、一週間に一度は飛行機のお世話になっていながら、まだ気を許してはいない。散らかった部屋や抽斗《ひきだし》のなかを片づけてから乗ろうかと思うのだが、いやいやあまり綺麗にすると、万一のことがあったとき、

「やっぱりムシが知らせたんだね」

などと言われそうで、ここは縁起をかついでそのままにしておこうと、わざと汚ないままで旅行に出たりしている。

（向田邦子「ヒコーキ」より）

実は向田は、子どもの時から虫も大嫌いだったという。「虫」という文字まで嫌いで、「虫」がついていて好きな字はたった一つ「虹」だけ、とテレビのクイズ番組『クイズダービー』で答えている。そんな嫌いな虫を追って、なぜ飛び立ったのか。チョウの採集が楽しみと伝えられていたが、何か別の理由もあったのかもしれない。

向田は東京都生まれ。父の転勤にともない、宇都宮市、鹿児島市、仙台市などで暮らした。実践女子専門学校（現・実践女子大学）を出て会社に入り、社長秘書を務めるが、転職して映画雑誌『映画ストーリー』編集部の記者になった。黒のニットのトップスに黒いロングスカートの服装が多かったので、同僚から「黒ちゃん」と呼ばれていたという。

同社を退職してフリーの脚本家になり、昭和三七年（一九六二年）、ラジオドラマ『森繁の重役読本』でデビュー。翌年から実家を出て独立。テレビドラマ『だいこんの花』『時間ですよ』『寺内貫太郎一家』などのホームドラマのほ

か、『阿修羅のごとく』『あ・うん』『父の詫び状』など時代を映した作品を多く書いた。『花の名前』『かわうそ』『犬小屋』の三作品で直木賞を受賞。

向田は少女時代を過ごした鹿児島が忘れられず、雑誌の企画で訪れた時、「故郷の山や河を持たない東京生まれの私にとって、懐かしい〝故郷もどき〟なのであろう」と書いている。また料理が得意で、「女性が一人でも気楽に寄れるような店を作ろう」と妹の和子と赤坂に小料理屋を開店した。乳ガンになり、昭和五〇年（一九七五年）、手術を受けるが、術後に輸血による肝炎と、右腕が上がらなくなる後遺症に苦しめられた。
脚本家の第一人者の突然の死に、俳優はじめテレビ関係者らはもとより、多くのファンが呆然となり、涙した。
向田の遺品は本人の遺志により、かごしま近代文学館に寄贈され、常設展示されている。寄贈にあたって向田の母は万感の思いを込めて「かごしまに嫁入りさせよう」と述べた、といわれる。

墓は東京都府中市の多磨霊園にある。墓石の正面には「向田家之墓」と刻まれている。墓の右手に、本を開いた形の墓誌があり、左頁には向田の業績が、右頁には俳優森繁《もりしげ》久彌《ひさや》の次の詩歌が見える。

—　花ひらき　はな香る　花こぼれ　なほ薫る　久彌

向田邦子

向田邦子の墓

第63墓　六〇年安保闘争の指導者——北大に唐牛あり

唐牛健太郎［政治運動家］

命日　昭和五九年（一九八四年）三月四日　四六歳
戒名　—
墓所　北海道函館市船見町27　極楽霊園付近
　JR函館本線「函館」駅前から市電「函館どつく前」下車、徒歩二一分

六〇年安保は、唐牛健太郎《かろうじけんたろう》抜きでは語れない——安保時代を生きた元全学連の人たちは、いまも異口同音にそう言う。それほど唐牛の存在は全学連の学生たちから注目されていた。しかしそれは〝尊敬〟とか〝崇拝〟とかいった類《たぐい》のものではない。青春の一時代を走り抜けた男として記憶に残さずにはいられぬ存在——ということだったのかもしれない。

唐牛は昭和一二年（一九三七年）、水産加工会社会長を父に、花街の女性を母に北海道函館市湯川《ゆのかわ》で生まれた。父にはほかに妻子がいたため、母は地元の郵便局の保険外交員になり、一人で唐牛を育てた。

唐牛は幼少期から学業に優れ、野球や陸上競技の走り幅跳び、バドミントン、スキーなどのスポーツをこなした。昭和三一年（一九五六年）、函館東高校から北海道大学教養部（文類）に進むが、その夏に休学し、上京して小さな部屋を借りる。そして半年間ほど深川の印刷工場で働いた。その秋には、第二次砂川闘争に自ら参加している。

翌昭和三二年（一九五七年）春、北海道に戻り、函館の木材会社に少し勤めてから、一年ぶりに北大に復学し、学生自治会の役員になる。同時に日本共産党に入党。同年秋、北大教養部自治会委員長に当選し、ここから学生運動にのめり込んでいく。

翌昭和三三年(一九五八年)四月、北大全学中央委員会を再建して委員長になり、全日本学生自治会総連合(全学連)第一一回定期全国大会で中央執行委員になる。その後、道学連委員長になり、和歌山勤評闘争に関する全国自治会代表者会議に参加。一方、共産党には反旗を翻して共産主義者同盟(ブント)の結成に携わり、代議員として結成大会に参加した。共産党札幌地区委員会は唐牛ら道学連関係者七人を除名処分にした。

昭和三四年(一九五九年)春、唐牛に転機が訪れる。ブント書記長の島成郎《しましげお》に説得され、全学連第一四回定期全国大会で中央執行委員長に選出されたのである。全学連のトップに立った唐牛は六月一一日、防衛庁前で「東大造兵学科設置反対デモ」を指揮して公務執行妨害で逮捕され、一〇日間勾留された。唐牛はブント第三回全国大会で学対部長となり、大阪府学連のデモを指揮した。

安保の年である昭和三五年(一九六〇年)一月一六日、羽田空港で岸信介首相の渡米阻止闘争を指揮して逮捕され、四月二六日の国会デモに参加してまた逮捕、今度は七カ月間拘留された。だから樺美智子《かんばみちこ》が亡くなった六月

唐牛健太郎

唐牛健太郎の墓

一五日の国会議事堂構内突入デモの時は参加していない。

唐牛は逮捕された二日後に北大を除籍になる。教養部の在籍期間が長いのが理由である。すでに二三歳になっていた。全学連第一六回定期全国大会は七月四日から開かれ、獄中の唐牛が委員長に再選された。一一月初めに唐牛は保釈される。

昭和三六年(一九六一年)四月、全学連中央委員会は学生運動における主導権を確立し、〝反帝・反スタ〟路線を打ち出し、唐牛は政治的暴力行為防止法案の反対闘争を指揮した。このころ最初の結婚。七月、第一七回定期全国大会で委員長を辞任し、国際部長になる。東京地裁が前年一月と四月の事件で懲役一〇カ月の実刑判決を言い渡したが、控訴。

学生運動から退いた後、元政治活動家で実業家の田中清玄が経営する会社に入社する。控訴棄却で服役し、出所後、田中と西ドイツを旅行し、途中から単身、東ドイツへ入る。帰国後は東京・新橋に飲食店「石狩」を開店し、かたわら日本テレビのトド撃ちの撮影に同行して北海道紋別市へ。そうかと思えば四国八十八箇所霊場巡りをする。このころ二度目の結婚。鹿児島から与論島へ渡り、その後、北海道厚岸《あっけし》で漁師になる。だが昭和五三年(一九七八年)晩秋、母が病気になり、函館へ戻る。翌年、母死去。

その後、島成郎の紹介で徳田虎雄と会い、徳洲会病院の設立などに携わるが、昭和五八年(一九八三年)二月に沖縄で直腸ガンと診断され、東京に戻って手術。徳田の選挙活動の支援のため喜界島に渡るが、ガンが再発して再び東京へ戻る。再手術するが、昭和五九年(一九八四年)三月四日に逝く。

テレビ・新聞、週刊誌などは破天荒ともいえる唐牛の行動と早すぎる死を、さまざまに伝えた。「「60年安保」の全学連委員長」(『毎日新聞』一九八四年三月五日朝刊)、「酒好きでネアカ　衰えなかった憤り」(『北海道新聞』一九八四年三月五日夕刊)、「有名になりすぎた自然児」(『フォーカス』一九八四年三月一六日号)といった具合である。

『平凡パンチ』昭和五九年四月九日号は、唐牛の未公開テープを公開した。そこには「60年安保はゼロだった。

が、〝運動に賭ける〟と叫んだ以上は裏切るな！」の見出しで生前の一問一答を伝えた。その中の次の一言が印象的である。

「まあ、俺は安保の一番盛り上がった時、すでに獄中だったからなあ。ただ、シラケた気分でいたことは確か。（中略）結局、俺が命賭けたはずの運動なんて、たいしたことないんだ、と思うと無性に寂しかったね」

唐牛の墓は北海道函館市の極楽霊園付近にある。墓所ではないので、ほかに墓はない。家族やかつての同志たちが平成二年（一九九〇年）に建立したもので、墓石の上部に「唐牛健太郎」と自筆の文字が刻まれている。横長の黒い墓石が周囲を切り取ったようにひっそりと鎮座している。

いまも七月になると、かつての同志たちがそこに集まり、酒を酌み交わすという。

第64墓 〝銀幕のヒーロー〟——〝永遠の二枚目〟と謳われて

長谷川一夫［俳優］

命日　昭和五九年（一九八四年）四月六日　七六歳
戒名　照林院澄譽演雅一道大居士
墓所　谷中霊園　東京都台東区谷中7－5－24
　　　JR山手線、京浜東北線「日暮里」駅から徒歩六分
墓所　本法寺　東京都墨田区横川1－12－12
　　　JR総武線、東京メトロ半蔵門線「錦糸町」駅から徒歩一五分

映画、テレビ、舞台で時代劇のヒーローを美しく演じた俳優の長谷川《はせがわ》一夫《かずお》が、脳外科手術のため東京都内の病院に入院したのは昭和五九年（一九八四年）三月二五日、七五歳の時だった。年齢による体力の衰えが見えだしていたとはいえ、これが死に直結することになるとは誰も想像していなかったという。

手術のため頭髪を剃り、丸坊主になった長谷川は、体調がいい時などには亡き妻である繁の思い出話などをしていたが、入院して五日目の三〇日に、

「アイスクリームが食べたい」

と言い、差し出したアイスクリームを半分ほど食べて、

「ああ、おいしいなあ」

と言った後、容体が急変し、昏睡状態に陥った。

肉親らが見守る中、昏睡から醒めることなく、四月六日午後一一時二〇分、静かに息を引き取った。死因は頭《ず》

蓋内膿瘍《がいないのうよう》。

長男で俳優の林成年は、刻々と死へ向かう長谷川の様子を克明に記していた。後年出した著書によるとこうである。

> 午後九時二十四分　血圧七十六―六十五。やがて血圧六十よりあがらず。
> 午後十一時二十分　ついに永眠。
> 成年、玲子、淳一、裕二、晶三、季子、由紀夫、安希丈、稀世、小林訓子らが見守る中、父は静かに永《と》遠《わ》の眠りについた。
> おとうさん、永い間、ほんとうにお疲れさまでした。……ありがとうございました。
>
> （林成年『父・長谷川一夫の大いなる遺産』より）

長谷川一夫

長谷川一夫の墓（谷中霊園）

長谷川は京都の造り酒屋に生まれ、六歳で初舞台を踏んだ。昭和二年(一九二七年)に林長二郎の芸名をもらい、映画『稚児の剣法』でデビュー、女性ファンを虜《とりこ》にした。若い女性の好きなものが「みつ豆」と「はやし」だったことから「ミーハー」という言葉が生まれたという説もある。

以来、〝あでやかな流し目〟で五〇年以上にわたり二枚目役を演じ、この間に撮った映画は三〇一作品、しかも主役以外したことがないという〝スーパースター〟ぶりだった。

昭和一二年(一九三七年)秋、松竹から東宝に移籍した直後に「カミソリ事件」が起こった。京都の東宝撮影所で撮影を終えて同所を出たところを暴漢に襲われ、左頬をカミソリで一二センチも切られた。犯人は間もなく逮捕されたが、「映画会社が暴漢を雇ったのではないか」という疑惑まで持ち上がった。だが長谷川は「周囲の者とも相談して深く追及しない」と警察に申し入れたので、沙汰止みとなった。

これを機に、芸名を本名の長谷川一夫に改め、『藤十郎の恋』や李香蘭と共演した『白蘭の歌』などで押しも押されもせぬ地位を確立した。

だがこの東宝への移籍は、夫婦の葛藤を生み、結局、離婚。昭和一九年(一九四四年)に新橋芸者である五歳年上の繁と再婚した。

戦後は『地獄門』でカンヌ国際映画グランプリを受賞し、さらに『近松物語』『新平家物語』『銭形平次捕物控』などで健在ぶりを示した。

再婚した繁との仲の良さは有名だったが、長谷川が亡くなるこの年の二月一七日、肺ガンのため亡くなった。この時、長谷川は医師が止めるのも聞かずに納骨式にまで出席し、寒風に吹かれて体調を崩し、それが死へとつながったともされる。

墓は東京都台東区の谷中霊園にあり、三基並んでいる。真ん中の墓の正面に、本人と妻の戒名が並んで刻まれており、左側に「昭和五十九年吉月吉祥日建之　長谷川〇〇」の文字が見える。名前の部分が少し崩れていて判読できないが、長男名であろうと推察できる。建立したのは、墓に刻まれた年月日から、夫妻が相次いで亡くなったその年であることがわかる。肉親の故人への思いが強く感じられる。そのほか、墨田区の本法寺にも墓がある。

第65墓　奔放に歌う〝ブギの女王〟——進駐軍を驚かせる

笠置シヅ子［歌手・俳優］

命日　昭和六〇年（一九八五）三月二〇日　七〇歳
法名　寂静院釋尼流唱
墓所　築地本願寺和田堀廟所　東京都杉並区永福1−8−1
京王電鉄京王線・井の頭線「明大前」駅から徒歩八分

笠置《かさぎ》シヅ子（後にシヅ子）は敗戦後の憔悴《しょうすい》しきった日本国民に、希望と勇気を与えた歌手として知られる。先年、NHK朝の連続テレビ小説『ブギウギ』の主人公のはつらつとした演技に共鳴した人も多いだろう。

いや、共鳴したのは日本人だけではなかった。日本に駐留していた米兵たちまでが、舞台狭しと飛び跳ねながら歌う笠置を見て、「本当にあれが敗戦国民なのか」と感嘆したほどだった。

笠置は大正三年（一九一四年）、香川県生まれ。生後間もなく父親が亡くなり、大阪の薪炭商の養女になる。幼い時から芸事が好きで、日舞を習い、小学校を卒業後、後の大阪松竹歌劇団に入団して、「三笠静子」の名で初舞台を踏んだ。

静子はめきめきと頭角を現し、昭和九年（一九三四年）にはコロムビアから初のレコード『恋のステップ』を出した。翌年、昭和天皇の末弟である澄宮崇仁《すみのみやたかひと》親王が「三笠宮家」を作られたので、同じ三笠姓では失礼に当たるとして笠置シズ子と改名した。

昭和一三年（一九三八年）、大阪と東京の松竹歌劇団が一元化されるのを機に東京に出て、作曲家の服部良一と出会う。服部は自著でこう書いている。

ぼくはどんなすばらしいプリマドンナかと期待を膨らませた——。ところが、「よろしゅう頼んまっせ」と挨拶した女性は、眼をショボショボさせた小柄で子守っ子か出前持ちの女の子のようだった。ところが夜の舞台稽古、リズムにのって舞台の袖から飛び出してきた彼女は昼間とは全くの別人で、長いつけまつ毛の下の眼はパッチリ輝いていた——。

（服部良一『ぼくの音楽人生』より）

だが日中戦争が始まり、太平洋戦争に発展すると、笠置の派手な動きが警察に睨まれ、劇場の出演禁止になる。慰問活動も戦時下にふさわしくないとして、舞台のマイク周辺三尺（約九〇センチ）の中で歌え、と強要された。

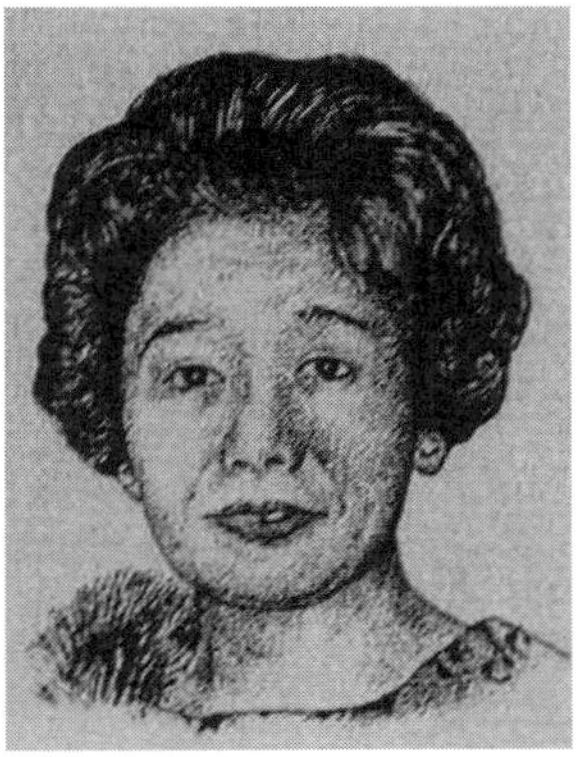
笠置シヅ子

笠置シヅ子の墓

戦争が終わり、中国上海で軍属として音楽活動をしていた服部が引揚船で帰ってきた。笠置の活躍に華やかさが増す。だが笠置は吉本興行の一人息子の大学生と恋仲になり、妊娠。引退を決意するが、息子は結核になり死去。笠置は赤子を守りながら歌い続ける。

服部は笠置のために『東京ブギウギ』を作曲した。笠置はこの歌を、舞台を駆けめぐりながら力いっぱい歌った。天衣無縫《てんいむほう》というべきか。弾けるような明るいリズムが敗戦に打ち沈んでいた人々の魂を揺さぶり、あっという間に大ヒットに。以後、『大阪ブギウギ』『ジャングル・ブギー』『買物ブギー』と立て続けにヒットを飛ばした。

だが全盛期と呼べる期間は余りにも短すぎた。笠置の特徴を真似た少女が現れて、その足を掬《すく》う。美空ひばりの出現である。ひばり人気に食われる形で笠置人気は落ち込んでいく。晩年は『家族そろって歌合戦』の審査員などに顔を出していたが、体調を崩し、昭和六〇年(一九八五年)、逝く。享年七〇。

「寂静院釋尼流唱」と刻まれた墓前に立った。寂静院といい、流唱といい、笠置にふさわしい戒名である。眼をつぶると、舞台を駆けながら歌うあの姿が瞼《まぶた》に甦ってきて、心豊かな気持ちにさせられた。

第66墓　日本航空123便墜落事故
——死者五二〇人、その中に坂本九

日本航空123便乗員乗客

慰霊碑　〈慰霊の園〉群馬県多野郡上野村楢原2218－23
上信越自動車道「下仁田ＩＣ」から県道一九三号および県道四五号を車で四〇分

昭和六〇年（一九八五年）八月一二日午後六時三一分ごろ、羽田から大阪に向かった日本航空123便ジャンボ機は、伊豆大島の西方約五五キロ付近を飛行中、突然機体に異変が起こった。羽田空港管制塔に緊急事態発生が通報され、日航オペレーションセンターに「機体のドアが壊れ気圧が下がりだしたので引き返す」と連絡した直後、そのまま消息を絶った。

ジャンボ機には盆休みの帰省客などの乗客五〇九人、乗員一五人の合わせて五二四人が搭乗しており、満席だった。この中には歌手の坂本九（四三歳）もいた。

捜索中の自衛隊のヘリコプターが長野県南佐久郡北相木《きたあいき》村の御座山《おぐらやま》の北斜面に墜落・炎上している同機を発見した。このあたりは標高一五〇〇メートル前後の山々が連なり、長野・埼玉・群馬の県境に近いところだった。

翌一三日未明から自衛隊のヘリコプター、空挺部隊をはじめ、自衛隊員、警察官など四〇〇〇人を動員して本格的な捜索を開始し、遭難現場は群馬県上野村の関東山地の無名の山と確認された。ここが御巣鷹山《おすたかやま》（標高一六三九メートル）に連なっていることから〝御巣鷹の尾根〟と呼称されることになる。

遭難現場は険しい山地で容易に近づくことができない。捜索隊員らはヘリタプターを用いてようやく降り立ったが、あたり一面、山肌が焼けただれ、飛行機の残骸が飛び散り、その凄まじさに呆然となった。切り立った山間に遺体が押し潰されて散乱しており、生存者が見つからず、全員絶望と判断された。

遺体を一体一体収容してヘリコプターで運びだす作業は困難を極めた。遺体は群馬県藤岡市の市民体育館などに分散して搬入され、そのたびに遺族による悲痛な確認作業が行われた。

ところが同日午前一一時二〇分、四人の生存者が相次いで発見され、救出作業が急がれた。驚愕の出来事だった。四人の生存者は一人ずつヘリコプターで運び出されて、県境に近い病院に入院した。

だが遺体捜索のほうは思うように進まない。初日は丸一日かかって五二体を確認しただけだった。八月一四日には自衛隊の大型ヘリコプター一〇機が投入され、遺体の収容作業が行われた。以後、八月二七日まで第一次作業が続けられた後、一一月四日まで長期にわたって作業が継続された。それでも全員を収容することができず、さらに翌年四月一八日から三日間、集中的に作業が行われた。

後の記録によると完全な遺体は四九二体、ばらばらになった遺体が一一二八体。一体がいくつもにちぎれて数が増えたわけで、その凄まじさがわかる。

原因究明に当たっていた運輸省航空事故調査委員会は八月二七日、中間報告として飛行記録装置のフライトレコーダーとボイスレコーダーの記録を発表した。この記録から事故は、羽田を離陸して間もなく、垂直尾翼に近いドアが壊れて操縦不能になり、急降下を始め、乗務員が乗客に酸素マスクの着用を指示し、羽田へ引き返そうとして旋回したが逆方向になり、ダッチロールを続けながら、午後六時五六分、関東山地の山に墜落、大きくバウンドして遭難現場となる地点に落着した、と判断された。

遭難現場に近い群馬県上野村に〈慰霊の園〉が設けられたのは遭難の翌年二月。黒澤丈夫村長が「五二〇の尊い御霊を祭ることが上野村民に課せられた義務」として財団法人を設立し、広く国民から基金を集めて諸施設を整備した。

〈慰霊の園〉のほぼ中央にピラミット型の慰霊塔が天を突いて建っている。これが亡き人たちの墓標で、はるか御巣鷹の尾根に向かい、合掌しているようにも見える。

塔の背後に石が積み上げられ、真ん中に納骨堂がある。その左右に遭難者の氏名を刻んだ名碑が連なっている。坂本九の名も見える。広場のもっとも奥まった位置に観世音菩薩像が建っている。

御巣鷹へ行くには、〈慰霊の園〉から西へ二〇キロ進まねばならない。現在はかなり整備されたとはいえ、山間を曲がりくねった道路が上野村大字楢原《ならはら》字木谷まで延びており、そこで一息ついてから山道を辿っていくことになる。遺族たちはいまも命日になるとここまでやってきて、亡き人を偲ぶ。

乗客の中には歌手の坂本九《さかもときゅう》もいた。坂本九の墓は、これとは別に東京都港区の長谷寺にある。洋式の横長の墓石に横書きの草書体で「坂本九」と書いてある。背後に戒名を書いた卒塔婆《そとば》がぎっしり立ち並んでいる。そばの石碑に「上を向いて歩こう　一九六四年ゴールデンレコード賞　世界中に愛された」とあり、生前の人柄を偲ばせる。

日航機遭難者慰霊碑〈慰霊の園〉

坂本九

坂本九の墓

第67墓　赤報隊事件——朝日新聞記者、撃たれる

小尻知博［新聞記者］

命日　昭和六二年（一九八七年）五月三日　二九歳
戒名　―
墓所　広島県呉市川尻町の高台

昭和六二年（一九八七年）五月三日午後八時一五分ごろ、兵庫県西宮市与古道《よこみち》町の朝日新聞阪神支局の二階の編集室に、突然、目出し帽をかぶった男が侵入し、室内にいた犬飼兵衛《いぬかいひょうえ》記者（四二歳）と小尻知博《こじりともひろ》記者（二九歳）に向かい、持っていた散弾銃を二発続けて撃った。

犬飼記者は弾粒で右手・左腕・腹部を撃たれて昏倒。小尻記者は犯人に背を向ける位置にいたので気づくのが遅れ、わずか一メートルの至近距離から左脇腹を撃たれて崩れ落ちた。室内にはほかにもう一人、高山顕治記者（二五歳）がいたが、犯人は高山記者に銃を向けた後、なぜか踵《きびす》を返して階段を降り、逃げた。高山記者は動転しながらも一一〇番通報し、大阪本社などにも連絡した。

小尻記者は意識が戻らないまま翌四日午前一時過ぎ、出血多量で死亡。犬飼記者は全治三カ月の重傷。高山記者は無傷で無事だった。

事件から三日後、時事通信社と共同通信社に「赤報隊一同」の名で犯行声明文が送られてきた。その主張の主な部分を掲げる。

一月二十四日　われわれは朝日新聞東京本社東がわに数発の弾を発射した。
だが　朝日は　われわれが警告文をおくった共同　時事と共謀して　それを隠した。
われわれは本気である。
すべての朝日社員に死刑を言いわたす。
きょうの関西での動きはてはじめである。
警告を無視した朝日には　第二の天罰をくわえる。
ほかのマスコミも同罪である。
反日分子には極刑あるのみである。
われわれは最後の一人が死ぬまで処刑活動を続ける。
二六四七年　五月三日
赤報隊　一同

最後に記された年号は「皇紀」である。文中で犯人は、同昭和六二年一月二四日夜、東京都中央区築地の朝日新聞東京本社の二階の窓などに散弾銃を二発撃ち込むという警察側が伏せていた襲撃事件を明らかにしたうえで、今回の襲撃事件に触れ、「反日分子には極刑あるのみ」と結んだのである。

赤報隊を名乗る犯人はその後も犯行をエスカレートさせた。九月二四日夕、名古屋市東区の朝日新聞名古屋本社の単身寮に散弾銃を撃ち込み、「阪神での処刑を　朝日は暴力にすりかえた」との声明を出した。翌昭和六三年（一九八八年）三月一一日の白昼、静岡市追手町の朝日新聞静岡支局の駐車場に時限発火装置付きの爆弾を仕掛けた。これは不発に終わったが、「日本を愛する同志は（中略）反日マスコミをできる方法で処罰していこう」と声明を出した。さらに同じ日の消印で高崎市の中曾根康弘前首相の事務所と島根県掛合町の竹下登首相の実家に脅迫状が郵送された。

八月一〇日夜には東京都港区のリクルート元会長宅の玄関のガラスドアに散弾銃が一発撃ち込まれ、平成二年（一九九〇年）五月一七日夜には愛知県名古屋市の愛知韓国人会館の玄関に灯油が撒かれ、発煙筒で放火された。

犯人は「日本民族独立義勇軍別動赤報隊」などと名乗り、犯行後、通信社などに犯行声明文や脅迫状を送りつけた。

警視庁は朝日新聞関連の四件と「リクルート元会長宅事件」の計五件を「広域重要指定一一六事件」に指定し、残る愛知韓国人会館事件と元首相宅・現首相宅脅迫事件を関連事件として捜査を進めた。しかしその後、「赤報隊」を名乗る者の動きは途絶えた。

捜査は進展しないまま歳月は流れ、「広域重要指定一一六事件」の中心になった「朝日新聞阪神支局襲撃事件」も平成一四年（二〇〇二年）五月三日に時効になり、犯人は永遠の闇に埋没していった。

だが朝日新聞社をはじめとする報道各社は諦めない。朝日新聞社は時効を迎えた日、同僚記者らが集まり、「われわれに時効はない。犯人を追及していく」と決意を表明した。以後も毎年、命日になると現場となった同支局内で拝礼と記帳が行われている。三階に設けられた襲撃事件資料室には、犯行に使われた散弾銃や犯行声明文などが陳列されている。

小尻記者の墓は郷里である広島県呉市の瀬戸内海を見渡す高台の墓地にある。大きな自然石の墓で、正面に「納骨」の二文字、裏面に「小尻信太郎建立」と祖父の名が刻まれている。ちなみに小尻記者の父親は平成二三年（二〇一一年）に八三歳で亡くなり、母親も平成二七年（二〇一五年）に亡くなっている。

事件から三〇余年、いまも命日になると肉親や朝日新聞をはじめとする関係者が訪れて、冥福を祈っている。

小尻知博記者

小尻知博記者の墓

第68幕　帝銀事件——青酸カリで一二人毒殺

平沢貞通〔画家・死刑囚〕
命日　昭和六二年（一九八七年）五月一〇日　九五歳
戒名　—
墓所　小樽市中央墓地　北海道小樽市緑5－61
（本人の遺灰は同市のオタモイの海に散灰）
JR函館本線「小樽」駅前から路線バス「道営アパート通」下車、徒歩八分

昭和二三年（一九四八年）一月二六日午後三時五分ごろ、東京都豊島区椎名町の帝国銀行椎名町支店の通用門から中年男性が入ってきた。銀行が閉店した直後で、支店内には吉田武次郎支店長代理以下一六人の行員がいて、伝票の整理などをしていた。

男は東京都の消毒員らしい腕章をしていて、吉田支店長代理に対して東京都衛生課並びに厚生省厚生部医員、医学博士の肩書のついた名刺を差し出し、

「近くの家で赤痢が発生した。GHQ（連合国軍最高司令官総司令部）の命令で調べたところ、患者宅の者が、ここに来たことがわかった。消毒班は後からくるが、その前に予防薬を飲んでもらいます」

と述べ、持っていた箱から小さな瓶を取り出した。

すぐに湯飲み茶碗が人数分並べられた。男は、

「薬は二種類ある。最初の薬を飲んで、一分くらいしてから次の薬を飲んでください。まず私が飲んでみます」

と言い、スポイトのようなもので薬を茶碗に入れ、飲み干した。

行員と用務員一家の合わせて一六人がそれを真似て茶碗に薬を入れて飲み、一分後に二番目の薬を飲んだ。その直後から飲んだ一六人が吐き気や悪寒に襲われ、その場にばたばたと倒れ、うち一〇人が絶命した。男はそれを見ながら店内にあった現金一六万四〇〇〇円余りと額面一万七〇〇〇円余りの小切手を奪って逃げた。

行員の女性(二〇歳)が薬を吐き出しながら、表に這い出て救いを求めた。救急車が駆けつけ、この女性をはじめ、倒れて呻《うめ》いている六人を病院に運んだが、一人は間もなく死亡。後に亡くなった一人を合わせて死者は一二人に上った。残る四人は重態だった。行員らの吐瀉物《としゃぶつ》から青酸化合物が検出され、行員たちが飲まされた薬は青酸カリと断定された。

これが日本の犯罪史上でも類例がないとされる「帝銀事件」である。

警視庁はこの毒殺事件の前に起こった二つの事件との絡みから、医学に通じた者の仕業と睨み、医師・薬剤師・防疫官のほか占領軍や旧日本軍の特殊機関の七三一部隊関係者まで対象範囲を広げて捜査したが、犯人を特定することができず難航した。

事件発生から七カ月経った八月二一日、捜査本部は東京都中野区に住むテンペラ画家平沢貞通《ひらさわさだみち》(五一歳)を旅行先の北海道小樽市で逮捕した。小樽は平沢の故郷である。帝展無鑑査の画家の逮捕に、世間は驚いた。

平沢は犯行を否認したが、逮捕から一カ月後の九月二〇日になって犯行を自供した。しかし起訴後の東京地裁で自供をひるがえし、以後は一貫して犯行を否認し続けた。地裁は昭和二五年(一九五〇年)七月、平沢に死刑の判決を言い渡した。平沢は控訴したが、東京高裁は控訴を棄却、最高裁も昭和三〇年(一九五五年)四月六日に上告を棄却して刑が確定した。

平沢は無実を叫び続け、新証拠を添えて再審請求を何度も提出した。この間、「平沢貞通氏を救う会」が組織され、真犯人を追及する動きも出た。だが最高裁は、再審請求をすべて棄却した。

それから三〇年が経過して、弁護側は刑事訴訟法三二一条の「刑の事項」を盾に、「三〇年間逃亡し続けた場合は時効が適用されるのだから、同じ期間、死刑執行の恐怖にさらされながら拘置されてきた者にもそれが適用されるべきだ」として、人身保護法に基づく釈放請求を東京地裁に提訴した。だが認められず、恩赦による釈放も不当とされた。

　こうして平沢は、ほかの死刑囚が次々に処刑されていく中で生き延びた。昭和六二年（一九八七年）二月、肺炎を患って危篤状態に陥った。しかし一カ月間生命を保ち続け、五月一〇日に亡くなった。九五歳だった。

　平沢の残した仏教書には次のような書き込みがあった。

日 ――	二四時間	一、四四〇分	八六、四〇〇秒
月 ――	七二〇時間	四三、二〇〇分	五九二、〇〇〇秒
年 ――	八、七六〇時間	五二五、六〇〇分	三一、五三六、〇〇〇秒

裁判中の平沢貞通

北海道小樽市のオタモイの海に平沢貞通の遺灰を散灰し合掌する関係者たち

帝銀事件が起きた帝国銀行椎名町支店

一日、一カ月、一カ年をすべて時間にして分、秒に直したらこうなるということである。逮捕以来の獄中生活は三八年九カ月に及ぶ。平沢流に数えたら、一万四一四二日、秒に直すと膨大な数字になってしまう。死刑囚でこれだけ長く生存した例はない。

平沢の先祖代々の墓は、北海道小樽市の市営中央墓地にある。だが平沢の遺骨はここにはない。平成一二年（二〇〇〇年）夏、平沢の養子である武彦と主任弁護士が、遺灰を小樽のオタモイの海に散灰したためである。

第69墓　若き〝国民的大スター〟
——映画『太陽の季節』で鮮烈デビュー

石原裕次郎［歌手・俳優］
命日　昭和六二年（一九八七年）七月一七日　五二歳
戒名　陽光院天真寛裕大居士
墓所　總持寺　神奈川県横浜市鶴見区鶴見2-1-1
JR京浜東北・根岸線「鶴見」駅から徒歩五分

昭和三一年（一九五六年）、作家石原慎太郎《いしはらしんたろう》が小説『太陽の季節』を発表し、それを日活が映画化した。スクリーンに登場した長身で少し不良っぽい感じの無名の新人に、若者たちは夢中になった。慎太郎の弟、石原裕次郎《ゆうじろう》の鮮烈なデビューだった。

敗戦から一一年を経て、この映画は戦後日本人の意識を大きく変え、巷に〝太陽族〟と呼ばれる若者たちが溢れた。以後、裕次郎は、国民的大スターとして、映画界や歌謡界で華々しく活躍する。

石原裕次郎は兵庫県神戸市生まれ。汽船会社勤めの父の関係で、少年時代は海のある北海道小樽市や神奈川県逗子市で過ごした。慶應義塾大学に入学したが、奔放な性格で飲酒、喫煙、女遊びにふけっていたという。

映画出演を機に大学を退学して、本格的な主演映画『狂った果実』で、後に結婚する北原三枝（石原まき子）と共演し、大胆なキスシーンやベッドシーンを演じて圧倒的な人気を集めた。

以後も『嵐を呼ぶ男』や『銀座の恋の物語』など数々のヒット作品を生み出し、かたわら主題歌を歌い、〝歌うスター〟としての存在感を示した。映画が翳《かげ》りを見せてテレビが娯楽の主役の座につくと、昭和四九年（一九七四年）、刑事ドラマ『太陽にほえろ!』のボスこと藤堂俊介役で好演し、作品は放送年数一四年に及ぶ超人気ドラマになった。

タフガイと呼ばれたが、なぜか怪我と病気がまとわりついた。結婚して間もない昭和三六年(一九六一年)一月、志賀高原にスキー旅行に出かけた際、ほかのスキーヤーと衝突事故を起こし、右足首を粉砕複雑骨折して入院した。その後の昭和四六年(一九七一年)春、映画『甦る大地』のキャンペーンで秋田を訪問中、胸部疾患(肺結核)のため倒れて入院した。昭和五三年(一九七八年)暮れには、舌ガンを患い手術。だが本人にはガンを伏せて舌下白板症と発表した。

昭和五六年(一九八一年)春、テレビドラマ『西部警察』のロケ中に胸と背中に激しい痛みが襲い、緊急入院して診断したところ、解離性大動脈瘤とわかり、六時間に及ぶ手術を受けた。この手術は難渋し、一時危険な状態に陥り、無事退院した時は奇跡の生還といわれた。

だがその三年後の昭和五九年(一九八四年)に肝臓ガンが発見され、ハワイでの療養を繰り返した。だが体調は悪化するばかりで、日本に戻り病院に入院したが、まき子夫人や兄慎太郎らが見守り励ます中、息を引き取った。五二歳の太く、短い生涯だった。

戒名の「陽光院天真寛裕大居士」はその生きざまを伝えて余りある。

墓は神奈川県横浜市の總持寺にある。案内板をたどって進むと五輪塔の立派な墓が建っていて、棚が周囲に施されている。正面に「石原家之墓」と刻まれている。ファンが供えたのであろう。美しい花々が墓前を彩っていた。

北原三枝（左）と石原裕次郎（右）

石原裕次郎の墓

第70墓 説教強盗――説教をする強盗が夜ごと出没

妻木松吉〔左官職人〕
命日　平成元年（一九八九年）一月二九日　八九歳
戒名　――
墓所　すがも平和霊苑〈飛天塚〉　東京都豊島区巣鴨5－35－33
JR山手線、都営地下鉄三田線「巣鴨」駅から徒歩一〇分

大正末期から昭和初期にかけて、東京府下に〝説教強盗〟が出没し、人々をおののかせた。単身者の家に忍び込み、懐中電灯で照らして、寝ている家人にナイフを突きつけ、優しい声で「お金を出してください」と言ってお金を脅し取った後、防犯の心得を説きながら、居座り続け、明け方になって逃走するのである。

昭和二年（一九二七年）三月一九日深夜、東京府雑司ヶ谷の一軒家を襲った事件は、その典型といえた。同家に忍び込んだ犯人は、電話線を切り、電線も切断して、右手にナイフを持って寝室に入り込み、懐中電灯で眠っている女性の顔を照らして起こし、

「騒いではおたがいのためになりません。お金を出してください」

と迫った。女性が恐る恐る一〇円札を出すと、すぐ懐に入れ、「まだあるでしょう」と言い、三〇円、五〇円と出させて奪い取ってから、おもむろに説教を始めた。

「お宅の庭は暗くていけません。これだと泥棒に入られますね」

犯人は怯える女性を尻目にゆうゆうと説教をしながら夜明けを待ち、

「私が出ていったらすぐ警察に届けなさい」

と言って飛び出していった。女性は震えが止まらず、昼近くになってやっと警察に届け出た。

同様の犯罪が連日のように起こった。『東京朝日新聞』が「説教強盗」と名づけて報道したので、一躍それが流行語になった。

初めのうちは東京府の北西部の板橋、練馬、池袋、高田などが中心だったが、やがて府心に移った。警視庁は威信にかけて犯人を追いかけたが、〝怪盗ルパン〟さながらのすばしっこさで、容易に正体が摑めない。府下の人々はいつ現れるとも知れない説教強盗に恐れおののいた。

そのうち偽物の説教強盗まで現れた。作家や元宮中職員の年輩の女性などが襲われて、犯人を逮捕してみたらそれは別人の〝説教強盗〟の仕業と判明した。

『東京朝日新聞』は昭和四年（一九二九年）一月一九日朝刊で「金一千円の懸賞　説教強盗の捕縛者に本社より贈呈」と社告を出して、犯人逮捕を呼びかけた。大卒の初任給が五〇円の時代だから、「一千円」の報奨金の話で世間は持ちきりになった。

警視庁に説教強盗専属特捜班が設けられ、捜査線上にのぼった容疑者を徹底的に洗い出して、その中から山梨県出身の窃盗前科一犯の左官職人、妻木松吉《つまきまつきち》が浮かび上がった。妻木は大正一〇年（一九二一年）に刑務所を出所後、行方がわからなかった。

特捜班は妻木が西巣鴨にいるのを突き止め、昭和四年二月二四日夕、刑事が保険外交員を装って近づき、同僚の刑事に合図して妻木の手首を摑み、逮捕した。

取り調べの結果、妻木は強盗六五件、強盗傷害二件、窃盗二九件の犯行を自供した。犯行にはしばしば強姦も伴っていたが、被害者からの訴えがなく、立件できたのは強姦未遂罪の一件のみだった。

朝日新聞社は懸賞金一千円を慰労金として警察関係者に贈った。

東京地裁は昭和五年（一九三〇年）一二月一八日、妻木に対して求刑通り無期懲役を言い渡した。妻木は控訴せず、刑が確定。秋田刑務所に収監されたが、刑務所内では稀にみる模範囚といわれ、昭和二三年（一九四八年）、新憲法発布による恩赦で仮釈放された。一八年間の服役だった。

妻木は出所後、担当弁護士で保護司である太田金次郎宅に居住し、刑務所で覚えた印刷の仕事についたが、全国の警察署、宗教団体などからの要請を受け、勧められるままに各地で開かれた防犯講演会で、防犯の心得を説いた。また、ストリップ劇場の浅草ロック座にゲスト出演したり、テレビに登場したり、週刊誌で小沢昭一と対談したりするなど、不思議な人気を集めた。

だが昭和四三年（一九六八年）、保護司の太田が亡くなると新宿区に移り、本人の意志で生涯無期懲役囚として保護観察のままで暮らした。後に生活保護を受ける。

昭和六二年（一九八七年）、八王子市内の特別養護老人ホームに入所するが、平成元年（一九八九年）一月二九日、西八王子病院で死去した。大正、昭和を経て平成まで、八九年に及ぶ生涯だった。

遺骨は郷里の山梨県に埋葬されたが、二年後の平成三年（一九九一年）、東京都豊島区にあるすがも平和霊苑の合葬墓に改葬された。「飛天の塚」と刻まれた慰霊塔がそれである。

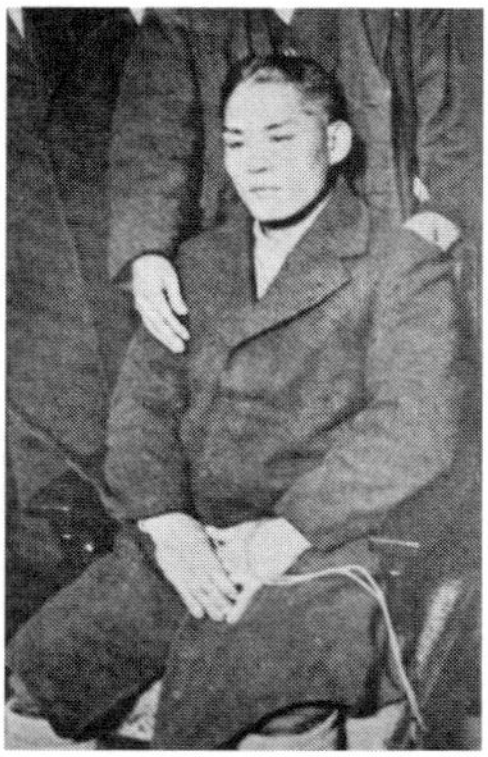

逮捕された妻木松吉

慰霊塔〈飛天塚〉

第71墓　〝昭和〟の終焉――〝女王〟ひばりの死

美空ひばり［歌手］

命日　平成元年（一九八九年）六月二四日　五二歳
戒名　慈唱院美空日和清大姉
墓所　日野公園墓地　神奈川県横浜市港南区日野中央1－13－1
京急電鉄「上大岡」駅または横浜市営地下鉄「港南中央」駅からバス「日野公園墓地入口」下車、徒歩五分

歌手、美空《みそら》ひばりが亡くなったのは、昭和が終わって間もない平成元年（一九八九年）六月二四日。その死は多くの人々に〝昭和の終焉〟を思わせた。昭和の世代を生きた稀有な存在として、本書で取り上げる。

ひばりが歌謡界に現れたのは、敗戦の混迷からようやく立ち上がりだした昭和二四年（一九四九年）。一一歳の少女の歌声が、ラジオに乗って流れてきた。

――　丘のホテルの赤い灯も　胸のあかりも消えるころ……

流行歌『悲しき口笛』を歌うこの〝子ども離れ〟した歌声は、一気に人々を魅了した。レコードは飛ぶように売れ、ひばりが主演する映画がかかると、映画館はいつも超満員になった。この年だけで四本の映画に出演して主題歌を歌い、「天才少女現れる」と大評判になった。

本名加藤和枝。横浜市磯子の鮮魚商の長女に生まれ、小学二年生で父親が結成した素人楽団で歌いだした。日劇小劇場の伴淳三郎ショーに「美空ひばり」の芸名で出演したのをきっかけに芸能界に入る。

以後、ひばりは『東京キッド』『伊豆の踊子』などの映画に主演し、主題歌を歌った。続く『リンゴ追分』『港町十三番地』なども次々にヒットさせたが、その反面、「子どもらしくない」などと批判された。だが芸能雑誌の歌手人気投票などではつねにトップになり、映画はもとより歌謡ショーでも大勢のファンが詰めかけ、熱狂した。

ひばりに衝撃が走ったのは昭和三二年(一九五七年)一月一三日夜、東京・浅草国際劇場で起こった塩酸事件である。大川橋蔵と共演して『花吹雪おしどり絵巻』の公演中、花道にいた少女がいきなり、ひばり目がけて塩酸を振りかけたのだ。舞台は終盤に差しかかっていたので、ひばりは舞台の袖に引っ込み、そのまま幕を下ろして終了した。観客のほとんどは気づかずに会場を後にした。

塩酸を振りかけた少女はその場で捕まり、浅草署に連行された。ひばりと同じ一八歳の熱狂的なひばりファン

美空ひばりの歌碑

デビュー当時の姿の美空ひばり像

美空ひばりの墓

で、憧れの舞台を見ているうち、とっさに犯行に及んだという。泣きながら「あの美しい顔が酷くなるのを見たかった」と供述したが、手袋をはめていたので計画的犯行ともいわれた。いずれにしろ複雑なファン心理が生んだ事件といえた。

塩酸事件後、ひばりの人気は衰えるどころかますます上昇線を辿った。二人の弟を芸能界にデビューさせ、『哀愁酒場』で日本レコード大賞歌唱賞を受賞し、二五歳で俳優の小林旭と結婚し、絶頂期を迎えていた。

だがこのころから、ひばりの周辺に暗い影が忍び寄る。父が亡くなり、弟の一人が賭博で逮捕される。その一方で、結婚生活はうまくいかずわずか二年足らずで破局した。その翌年、『柔』で日本レコード大賞を受賞するが、二人の弟が暴行事件を起こし、それをひばり母娘がかばったとして公共施設での公演から締め出される。昭和四八年（一九七三年）には常連だったＮＨＫ紅白歌合戦にも出られなくなり、それが解けるまで七年もかかった。

母が亡くなり、二人の弟も亡くした悲嘆のひばりに、昭和六二年（一九八七年）、病が襲う。四カ月後に病は治り、病院から退院してすぐ『みだれ髪』『塩屋崎《しおやみさき》』を出す。翌年春には東京ドームで「不死鳥コンサート」を開催、見事に甦ったかに見えた。

だが平成元年（一九八九年）二月、息切れを訴えて、順天堂大医院に緊急入院する。六月一〇日ごろ肺炎が悪化し、一三日に強化治療を施すため医師団が「われわれも努力しますから頑張って」と激励すると「頑張ります」と答えた。これが最後の言葉になった。享年五二。

墓は実家のあった神奈川県横浜市港南区日野中央の日野霊園の高台にある。正面に「加藤家之墓」と刻まれており、背後に卒塔婆《そとば》が立っている。かたわらに歌碑があり、次の詩が記されている。

平成の
我れ新海に

流れつき
命の歌よ
穏やかに

昭和に生まれたひばりが、命の限りなおも歌っていこうとする意志が読み取れる。

ひばりの実家にほど近い神奈川県横浜市野毛の横浜国際劇場跡地に、デビュー当時の面影を伝える「ひばり像」が建っている。シルクハットにエンビ服をまとった少女の像である。

平成を経て令和の時代になったが、ひばりの命日になると、テレビが追悼番組を編成し、歌声を流す。いや、それだけではない。ひばりのＡＩが現れて、ＮＨＫテレビで新曲を歌ったのには、キモを潰すほど驚いた。

第72墓 人気女優のソ連亡命
――演出家とともに樺太の国境を越えて

岡田嘉子［俳優］
命日　平成四年（一九九二年）二月一〇日　八九歳
戒名　―
墓所　多磨霊園　東京都府中市多磨町4－628
京王電鉄京王線「多磨霊園」駅前から京王バス「多磨霊園表門」下車すぐ

昭和一三年（一九三八年）一月三日午後四時過ぎ、俳優の岡田嘉子《おかだよしこ》（三六歳）が演出家の杉本良吉（三一歳）とともに、日ソ国境線である樺太（サハリン）の北緯五〇度を破ってソ連領に亡命し、人々を驚かせた。当時樺太の南半分は日本領だった。

舞台俳優のトップスターである嘉子が映画界へ転身したのは、無声映画がトーキーに変わりだす昭和初め。この時期、日本は満州事変を機に戦争への道を突き進み始めていた。映画も当然のように戦争を賛美する作品が目立ちだしていた。

映画界に絶望した嘉子は再び舞台に戻り、井上演劇道場に入るが、そこで左翼演出家の杉本と出会う。杉本は平和・平等の思想を嘉子に語り、二人は激しい恋に陥る。だが嘉子には夫が、杉本にも婚約者がいた。

政府の共産主義者に対する弾圧が高まり、小林多喜二が特高警察に逮捕、虐殺された。その葬儀に参加した杉本も共産思想の持ち主という理由で逮捕される。すぐに釈放されたが、その後も警察の監視の目は厳しかった。

昭和一二年（一九三七年）七月、「盧溝橋事件」が起こり、日中戦争が激しくなる中、戦地へ出征する若者が増えだした。杉本は、ソ連が自由を保障する新平和憲法を制定したという情報を耳にし、ソ連行きを思い立つ。相談を受けた嘉子は、一緒に亡命することを決意する。

一二月二五日、まず杉本が東京・上野駅を出発し、翌日、嘉子が後を追い、宇都宮で落ち合った。そこから夜行列車で青森、そして青函連絡船で函館へ着き宿泊。倶知安《くっちゃん》経由で小樽へ着き、宿泊した。小樽は嘉子の父が『北門日報』主筆をしていた地で、美術学校生だった嘉子が一時、新聞記者をした思い出の地だった。杉本にしても親友小林多喜二の育った土地であり、感慨深いものがあったろう。

翌日、二人が小樽から船で稚内へ渡り、さらに宗谷海峡を越えて樺太の大泊《おおどまり》（コルサコフ）に着いたのは大晦日の朝。列車に乗り換えて、日ソ国境の町、敷香《しすか》に到着。旅館に宿泊した。明けて元日。旅館でのんびり過ごしながら、国境破りの日を一月三日と決めた。

岡田嘉子

謎の杉本と嘉子・果然入露

拳銃で橇屋を脅迫
雪を蹴つて越境
夕闇の彼方に姿消ゆ

ソ聯側に通じて
計畫的潜入か
警視廳も重大視す

運命の女優

氷點下六

恋の国境破りを伝える新聞

岡田嘉子の墓

当日の三日朝、粉雪が降るなか、分厚い毛皮の外套に身を包んだ二人は、敷香警察署を訪れ、署長に対して、「国境警備に当たる方々の慰問をしたい」

と述べた。人気俳優がわざわざ訪ねてくれたというので、署長は小躍りし快諾した。

二人は用意された馬橇《ばそり》に乗り込み出立した。橇は午後三時半ごろ、国境に近い半田沢警部補派出所に到着した。嘉子が土産の酒と肉を差し出すと、警備の警察官らは喜んだ。嘉子は所長に、

「ぜひ国境を見せてほしい」

と頼んだ。所長は笑顔で了解した。

嘉子と杉本が馬橇に乗り込み、馭者《ぎょしゃ》が馬の轡《くつわ》を取った。警備の警察官二人がスキーを履いて後ろについた。馬橇は白く凍り立つツンドラ地帯を駆けた。国境線が近づく地点で二人は馬橇を降り、スキーを履いた。すでに夕暮れとなっていた。

二人は国境線に置かれた「国境標識第三号」を眺めていたが、突然、標識のそばをスキーですり抜けるように国境を越えると、雪原を滑るようにして駆けだした。驚いた馭者が「あっ」と叫んだ。すると杉本は立ち止まって振り返り、右手をポケットに入れ、拳銃を発射するような仕草をみせた。

馭者が一瞬、ひるんだ隙に、二人はそのまま前進して、夕闇が濃くなりだした雪原の彼方に消えていった。

『東京朝日新聞』は一月六日、社会面トップで報道した。ただし内容は、馭者が二人を国境線まで案内し、いつまでも側を離れないので、杉本は拳銃を所持しているように見せかけて脅し、その間にソ連領土内に逃げ込んだ、警備員が巡回に来た時には二人の姿はなかった、という記事だった。責任問題を考慮したうえでの表現なのであろう。

この〝恋の国境破り〟事件は、国内に大きな衝撃を与えた。日本を代表する人気女優が、愛人と手に手を取ってソ連に亡命したというのは、まさに青天の霹靂《へきれき》であった。

だが越境した二人は、亡命前の予想に反して、ソ連当局にスパイ容疑で逮捕され、ハバロフスクの刑務所に収容された。間もなく杉本は銃殺刑に処せられ、嘉子は孤独な生活を送ることになる。

昭和二〇年(一九四五年)、第二次世界大戦が終わり、嘉子はハバロフスクに抑留されていた日本兵の俳優、滝口新太郎とめぐり合う。松竹映画の二枚目若手俳優だった。四年後、捕虜は順次、送還されだしたが、滝口は妻子の待つ日本へは帰国せず、演劇を学ぼうと決意する。嘉子もまた俳優として、この地で学ぶべきものが多いのを知って残った。

嘉子はモスクワ放送局日本語部勤務になり、昭和二六年(一九五一年)秋、日本向けの放送を担当した。滝口も嘉子の強い推挙でモスクワに迎えられ、ギリシャ正教会堂で二人だけの結婚式を挙げた。嘉子四八歳、滝口三五歳。嘉子はソ連国立演劇大学で学び、五カ年課程を卒業した後、同大教授と前衛劇場演出者になり、後進の指導に当たった。

昭和三三年(一九五八年)早春、日本のテレビ画面に突然、和服姿の嘉子が映し出された。六〇代半ばとは思えぬ艶やかな雰囲気を漂わせ、観る人々を驚かせた。

嘉子はその後、ソ連政府の許可を得て、何度か日本に帰り、そのたびにマスコミを賑わせた。この間に滝口が亡くなった。嘉子がモスクワの自宅アパートで現地の日本人会の人々に面倒を見てもらいながら息を引き取ったのは平成四年(一九九二年)二月一〇日。

嘉子の墓は東京都府中市の多磨霊園にある。「山本家之墓」と刻まれた墓の左側面に「岡田家先祖代々之霊位」と刻まれている。墓の右手に黒御影石の碑があり、正面に「悔いなき命　ひとすじに　一九七三年　滝口新太郎　岡田よし子」と、滝口と嘉子の自筆の文字が刻まれている。

碑の台座の側面に「岡田よし子　1992年2月10日　モスクワにて死す」とある。墓の裏面に記された文面から、滝口の縁続きの山本家の夫妻が、嘉子が亡くなって一五年目の平成一九年(二〇〇七年)秋の彼岸に建立したのを知った。

嘉子の死は平成だが、亡命事件は戦前の昭和に起こったものであるため、ここに収録した。

第73墓　ロッキード事件――金権政治、明らかに

田中角栄［政治家］

命日　平成五年（一九九三年）一二月一六日　七五歳
戒名　政覚院殿越山徳栄大居士
墓所　新潟県柏崎市西山町坂田1540　田中角栄邸敷地内
　　　JR越後線「礼拝」駅から徒歩一八分

元内閣総理大臣田中角栄《たなかかくえい》が「ロッキード事件」で逮捕されたのは昭和五一年（一九七六年）七月二七日。保守政権の金権体質が明らかになり、戦後最大の疑獄事件といわれた。

〝総理の犯罪〟が暴露されるきっかけは、この年の二月四日、アメリカ上院外交委員会多国籍企業小委員会におけるロッキード社の会計担当ウィリアム・フィンドレーの証言。ウィリアムはロッキード社の日本への航空機売り込みに「工作資金は三〇億円、うち二一億円を政商の児玉誉士夫へ渡した」と述べたことによる。

さらに六日の同小委員会でロッキード社のコーチャン副会長が「児玉への支払いのうち、いくらかは会社社主の小佐野賢治に渡ったと思う。丸紅の元専務伊藤に渡った一億円の中から日本政府関係者に支払われたことも確認している」と証言した。

この海外の証言は日本の政財界を揺さぶった。マスコミの報道が激しくなり、国会は名前の上がった人たちを次々に証人喚問し、事実の解明に努めた。東京地検は警視庁、東京国税局と三庁合同捜査体制による捜査に着手し、二月二日、関係者の会社、自宅など二七カ所を所得税法違反、外為法違反で一斉に捜索した。

捜査史上初となる日米司法取り決めが成立し、四月一〇日にはアメリカ連邦証券取引委員会がロッキード社を

調査した秘密資料が東京地検に送られてきた。だがロッキード社の証言を求める作業は、日米の法制度の違いから当人らに拒否され、嘱託尋問でやっと調書を取り寄せた。

国内捜査は大きく進展し、六月二二日から七月二〇日にかけて、丸紅元会長・元社長・全日空社長ら関係者一四人が偽証・外為法違反・所得税法違反・贈賄罪・証拠隠滅などで相次いで逮捕された。

そして七月二七日朝七時過ぎ、東京地検は当時の前内閣総理大臣田中角栄を、ロッキード社から五億円を不法に受け取った外為法違反で逮捕した。この時点での内閣総理大臣は三木武夫だった。

前総理逮捕の衝撃は国内を駆けめぐった。田中は間もなく保釈になったが、その直後に前首相秘書、元運輸大臣、元運輸政務次官らが逮捕され、政財界の底無しの腐敗ぶりに、国民は激怒した。

東京地検は八月一六日、田中を受託収賄罪と外為法違反で起訴した。東京地裁は丸紅ルート、全日空ルートなど四ルートにわけて昭和五二年(一九七七年)一月二七日から審理を開始した。田中は丸紅ルートの中で審理され、元丸紅会長は五億円の流れをほぼ認めたが、贈賄の主役はロッキード社であり、丸紅はメッセンジャーに過ぎないと主張。田中側は、五億円を受け取った事実はない、と否定した。

東京地裁は昭和五八年(一九八三年)一〇月一二日、田中に対して懲役四年、追徴金五億円の実刑判決を言い渡した。田中は控訴。だが東京高裁は控訴を棄却した。審理の舞台は最高裁に移された。

そうした経緯の中で、肝心の田中が昭和六〇年(一九八五年)二月、脳梗塞で倒れる。そして長い病床生活の末、審理は進まず、刑が未確定のまま、平成五年(一九九三年)一二月一六日、亡くなった。「ロッキード事件」から二〇年近い歳月が流れていた。

田中は新潟県柏崎市生まれ。小学校高等科を卒業して土木工事現場などで働くが、昭和九年(一九三四年)、上京して働きながら中央工学校(夜間部)に通った。業界誌の記者や貿易会社の配達員などの後、建設事務所を設立する。陸軍騎兵隊に入隊し、満州(現・中国東北部)へ。だが病に罹り帰還、除隊。昭和一六年(一九四一年)、東京・飯田橋に建築事務所を開く。

昭和二二年（一九四七年）四月、戦後の新憲法による最初の衆議院選挙に、民主党公認で新潟三区から出馬して三位当選。民主党は社会党、協同党の三党連立で政権を握ったが、田中は臨時石炭鉱業管理法をめぐり反対票を投じて離党。同志クラブに加盟し、吉田茂を党首とする自由党と合同して民主自由党を結成。第二次吉田内閣の法務次官になり、昭和二九年（一九五四年）、改名した自由党の副幹事長になる。その後、保守合同を経て自由民主党が誕生。

昭和四七年（一九七二年）七月に内閣総理大臣に就任し、〝昭和の今太閤〟と称された。自民党最大派閥の田中派（木曜クラブ）を率い、巧みに官僚を操縦しながら、念願の日中国交正常化を実現させたうえ、金大中事件、第一次オイルショックなどの政治課題に手際よく対応した。政権争奪時に掲げた「日本列島改造論」は大きな注目を集めた。だがその反面で、地価高騰などの狂乱物価を招いてもいた。その後、田中金脈問題が表面化し、田中角栄は辞

田中角栄

田中角栄生誕百年で植樹された記念樹

日中国交正常化記念《平和の女神》像

職に追い込まれる。さらに総理を辞職して後に「ロッキード事件」が発覚して逮捕されたのである。

田中の没年は平成五年（一九九三年）だが、事件の経緯の性格上、本編に入れた。

墓は新潟県柏崎市西山町の自邸内にある。自由に拝観することができたが、新潟県中越沖地震後は門扉が閉じられた。平成三〇年（二〇一八年）五月四日に田中角栄生誕百年を記念して、生家の外観や庭、墓が公開され、故人ゆかりの大勢の人々が訪れたほか、長女・眞紀子、婿養子の田中直紀の両人が記念植樹をした。ただし内部の撮影は禁止され、報道陣の取材は認められなかった。

生家近くに平成一〇年（一九九八年）年に開館した田中角栄記念館がある。東京都北区の飛鳥山公園には日中国交正常化を記念して建立された《平和の女神》像（北村西望作）が建っている。

第74墓

終戦から二七年目の帰還
――グアム島でのジャングル生活を経て

横井庄一［軍人・評論家］
命日　平成九年（一九九七年）九月二二日　八二歳
法名　浄華院釋正勇
墓所　千音寺霊園　愛知県名古屋市中川区富田町大字千音寺東尼ケ塚
「名古屋」駅から路線バス「千音寺」下車、徒歩一九分
墓所　行雲寺　愛知県名古屋市中川区富田町大字千音寺2484
「名古屋」駅から路線バス「千音寺」下車、徒歩九分

昭和四七年（一九七二年）一月二四日、グアム島南部のタロフォフォ湾から内陸へ五キロほど入ったジャングルの中で、現地の住民が半ズボン姿の元日本兵を発見した。グアム島の最後の戦いから二八年。その翌年に太平洋戦争が終わっていたのにもかかわらず、軍人としてずっと生死の境をかいくぐって生き延びてきた元陸軍軍曹、横井《よこい》庄一《しょういち》（五八歳）だった。

元日本兵の突然の出現が、自由と平和を謳歌していた日本に伝えられて、国民に衝撃を与えた。横井はグアムの病院に収容された。健康状態は良好で、県知事や同島在住の日本人らの歓迎を受けた。

日本のマスコミが大挙してグアム島に押しかけた。横井はマスコミの質問に対して「天皇陛下にお会いしたい」

と述べた。だがこれは記者らの誇張で、遠くからお姿を一目でも、という意味だったという。横井にとって天皇は〝現人神《あらひとがみ》〟であり、畏れ多い存在なのであった。

また、記者から母はすでに亡くなったと知らされ、横井は肩を落とした。実父とは生後三カ月で別れ、母の再婚により横井姓になった。昭和一三年（一九三八年）、洋服仕立て業を始めていた二三歳の横井に召集令状がきた。母を残して中国に出征し、やがて転戦命令でグアム島へ移った。

昭和一九年（一九四四年）、母のもとに戦死公報が届いた。その時、母は「正一は死んどりゃせん。まだ生きとる」と言い張った。だが周囲の人になだめられて昭和三〇年（一九五五年）になって、不承不承、わが子の墓を建てたという。

発見から九日目の二月二日、横井は日航機臨時便でグアムを発ち、羽田に到着した。どよめきの中、帰国のタラップを降り、出迎えの厚生大臣と固い握手を交わしてから、次のように挨拶した。

「横井庄一、元気で帰って参りました。グアム島の敗戦の状況を国民の皆さんにお知らせするため、恥ずかしながら帰って参りました」

横井の生還はさまざまな反響を呼び、「恥ずかしながら帰って参りました」の言葉は、流行語にまでなった。

故郷の名古屋市に帰り、母つるが眠る同市中川区の行雲寺境内にある「横井家之墓」に詣でた横井は、思わず墓にしがみついて号泣した。そして「（生前建てた）この墓には入りたくない」と言った。

〝横井ブーム〟が起こり、東京のデパートで開かれた「横井庄一さんグアム生活展」の初日は、開店時刻前から客が押し寄せ、一万人を数える騒ぎになった。グアム島では〝密林の英雄〟として、横井が暮らしたタロフォフォの滝の周辺が公園として整備され、日本から観光客が殺到する人気スポットになった。

横井は美保子という女性と結婚し、要望に応えて全国を講演して回った。「グアム島のジャングルに身を潜め、ネズミやカエルを食べながら必死に生きた」「日本が負けたのを、捨てられていた新聞で知った。講和が成立したのだから、必ず迎えにきてくれると信じていた」などと語り、生きる大切さを説いた。

横井が亡くなったのは帰国から二五年間が経過した平成九年（一九九七年）九月。墓は愛知県名古屋市の千音寺霊園にある。正面に「横田庄一墓」と刻まれている。ちなみに母が戦死公報を受けて建てた墓は名古屋市の行雲寺にあり、正面に「故陸軍軍曹勲八等横井庄一之墓」、側面に横井の履歴、裏面に建立者の母つるの名が刻まれている。

二〇〇六年、名古屋市中川区富田町千音寺稲屋に横井庄一記念館が開館された。夫婦で暮らした家を記念館にしたもので、当時は妻美保子が管理・経営し、日曜日の昼間だけ開館していた（現在は閉館）。

横井の死は平成だが、昭和期に特異な経過を辿った人物であり、戦争・平和を象徴する意味からも、ここに掲載した。

発見された横井庄一

横井庄一の墓

あとがき

「昭和」とは何であったか。この時代を生きた人間として振り返ってみると、想像を絶する変化が押し寄せた時代、と位置づけたくなります。

「昭和」がはじまったのは一九二六年――日本国民はこの耳慣れない「元号」に直面したわけです。その時、人々はどんな感慨を抱いたのでしょうか。明治から大正を経て昭和へ。新天皇となり、当時の新聞は「新しい御代の到来」を告げ、国内が歓喜に沸き立っていると伝えています。

確かに日本は「昭和」になると同時に、急速に変貌していきます。一番目立つ事例が中国東北部に建国された〝満州国〟の存在です。昭和七年（一九三二年）三月一日、建国が宣言されると、日本各地で組織された満州（満蒙）開拓団が中国大陸へどっと送り込まれるのです。

いまになってみれば異様な事態だとわかるのですが、当時は日本を中心とする「五族協和」が唱えられ、「アジアは一つ」として、〝満州国〟という傀儡国家が作られ、日本の人々に疑われることなく受け入れられていたのです。

昭和二〇年（一九四五年）八月、太平洋戦争の終焉直前にソ連が参戦すると同時に、土地を奪われていた中国農民がいっせいに蜂起し、日本人の〝開拓地〟を襲撃します。相次ぐ出征で働き手の男性のいない〝開拓地〟は一転、修羅場と化し、若い母親は幼子を抱いて集団自決への道を走ります。しかしわが子を守るため、中国人の男性の元に逃げ込む女性もいました。後に社会問題化する「中国残留邦人、孤児」の問題です。

こうして日本は敗れ、〝満州国〟は崩壊します。この敗戦を機に日本は軍国主義から自由と民主主義の国家へ変貌していきますが、この変貌を体験した人たちはただ茫然となりました。この頃、私は小学六年生でしたが、教師に昨日まで使っていた教科書を墨で消すよう指示され、驚いたのを記憶しています。

国家体制が変わり、暮らしもすっかり変わりました。そして、自由と平等を基調とした日常がどれほど大切かを、身をもって知らされました。

その凄まじく変遷した昭和を、墓所や慰霊碑で辿ったのが本書です。まずは昭和を生きた代表的な人物を選びだす作業から始めましたが、候補者が次々に現れて、途中、何度も後戻りするなど、足踏み状態が続きました。しかし精査し直すなどして、四年ほどかけて何とか形を整えました。

当然、取り上げるべき人物なのに、取材出来なかった人も何人かいました。取材には十分気を使ったつもりですが、墓前で写真を撮影中、寺院の方から趣旨を問われ、説明したものの、丁重に取材を断られた例もありました。寺院側には寺院側の責任があるということでしょう。

そんなふうにしてできた本書で、昭和史を彩った人々の墓を辿りながら、その活躍ぶりを偲んでいただくことができたとしたら、筆者として望外の喜びです。

卒寿を迎えて

合田一道

参考文献

芥川文述、中野妙子記『追想　芥川龍之介』筑摩書房、一九七五年

池島信平「一九四八年三月六日」（『逸話に生きる菊池寛』文藝春秋、一九八七年所収）

宇田川信一「現場の先頭に立った殉職警部の思い出」（『文藝春秋』平成七年新年特別号所収）

榎本健一『喜劇こそわが命』栄光出版社、一九六七年

海老名香葉子『姑　うた様と――下町は今日も青空』講談社、一九八六年

追平雍嘉『白鳥事件』日本週報社、一九五九年

岡本太郎『母の手紙』宝文館、一九五二年

岡山県警察史編さん委員会編『岡山県警察史　下巻』岡山県警察本部、一九七六年

神奈川県警察史編さん委員会編『神奈川県警察史　中巻』神奈川県警察本部、一九七二年

樺光子編『人しれず微笑まん――樺美智子遺稿集』三一書房、一九六〇年

合田一道『現場検証――昭和戦前の事件簿』幻冬社、二〇〇四年

合田一道『激動昭和史　現場検証――戦後事件ファイル22』新風舎、二〇〇五年

合田一道『昭和史の闇〈１９６０――80年代〉現場検証――戦後事件ファイル22』新風舎、二〇〇六年

合田一道『日本人の遺書　一八五八～一九九七』藤原書店、二〇一〇年

佐々木敏二『山本宣治（下）』汐文社、一九七六年

佐野眞一『唐牛伝――敗者の戦後漂流』小学館、二〇一八年

沢木耕太郎『テロルの決算』文藝春秋、二〇〇八年

沢田義一『雪の遺書――日高に逝ける北大生の記録』大和書房、一九六六年

下山事件研究会編『資料・下山事件』みすず書房、一九六九年

高村光太郎『智恵子抄』新潮社、一九五六年

千葉県警察史編さん委員会編『千葉県警察史　第一巻』千葉県警察本部、一九八一年

筑波昭『昭和四十六年、群馬の春――大久保清の犯罪』草思社、一九八二年

内務省警保局『警察研究資料第十四輯捜査実例集』一九二七年

新渡戸稲造『武士道』矢内原忠雄訳、岩波書店、一九三八年

永井荷風「震災」（『荷風全集 第二〇巻』岩波書店、一九九四年所収）

永井隆『長崎の鐘』（『昭和戦争文学全集13　原子爆弾投下さる』集英社、一九六五年所収）

長岡民男『もう走れません――円谷幸吉の栄光と死』講談社、一九七七年

中野正剛「戦時宰相論」（『朝日新聞』一九四三年一月一日掲載）

参考文献

成瀬正勝編『明治文學全集七三　永井荷風集』筑摩書房、一九六九年
服部良一『ぼくの音楽人生』日本文芸社、二〇二三年
林成年『父・長谷川一夫の大いなる遺産』講談社、一九八五年
原勝洋編著『鎮魂 特別攻撃隊の遺書』ＫＫベストセラーズ、二〇〇七年
檜與平『隼戦闘隊長加藤建夫――誇り高き一軍人の生涯』光人社、一九八七年
広田弘毅伝記刊行会編『広田弘毅』広田弘毅伝記刊行会、一九六六年
松本清張『昭和史発掘４』文藝春秋、二〇〇五年
三木露風「赤蜻蛉」(『三木露風全集 第三巻』三木露風全集刊行会、一九七四年所収)
三島由紀夫「檄」(『決定版 三島由紀夫全集 第三六巻』新潮社、二〇〇三年所収)
水谷良重『あしあと――人生半分史』読売新聞社、一九九一年
宮本百合子追想録編纂会『宮本百合子』岩崎書店、一九五一年
向田邦子「ヒコーキ」(『霊長類ヒト科動物図鑑』文藝春秋、二〇一四年所収)
山口二矢顕彰会編『山口二矢供述調書』展転社、二〇一〇年
与謝野晶子「君死にたまふことなかれ」(『定本 與謝野晶子全集 第九巻』講談社、一九八〇年所収)
吉田精一編『与謝野晶子歌集』小沢書店、一九九七年
吉野孝雄『宮武外骨』吉川弘文館、二〇〇〇年
『朝日新聞』一九四三年五月二二日朝刊
『山陽新聞』一九五五年五月一二日朝刊
『東京朝日新聞』一九二九年一月一九日朝刊
一九三六年五月二一日朝刊
一九三八年一月六日朝刊
一九三九年一月一六日朝刊
『東京日日新聞』一九三六年五月二一日朝刊
『北海タイムス』一九三九年八月二一日夕刊
『週刊朝日』昭和三五年七月三日号
『平凡パンチ』昭和五九年四月九日号

都道府県別墓所・慰霊碑索引

合田一道（ごうだ・いちどう）
1934年（昭和9年）、北海道上砂川町生まれ。ノンフィクション作家。佛教大学文学部卒。北海道新聞社に入社し、在職中からノンフィクション作品を発表。1994年よりノンフィクション作家の養成教室「一道塾」を北海道で主宰。著書に『古文書が伝える北海道の仰天秘話51』（寿郎社）、『幕末群像の墓を巡る』（青弓社）、『夜明けの海鳴り――北の幕末維新』『現場検証 平成の事件簿』『生還――『食人』を冒した老船長の告白』『北のお天気事件簿――極限下の人間模様』（以上、柏艪舎）、『評伝 関寛斎 1830-1912』『「アイヌ新聞」記者高橋真』（以上、藤原書店）、『松浦武四郎 北の大地に立つ』『お墓からの招待状』（以上、北海道出版企画センター）など。

激動《げきどう》、昭和史《しょうわし》の墓《はか》

発　行　2024年（令和6年）9月30日 初版第1刷

著　者　合田一道

発行者　土肥寿郎

発行所　有限会社 寿郎社
〒060－0807　札幌市北区北7条西2丁目 37山京ビル
電話 011-708-8565　FAX 011-708-8566
E-mail info@jurousha.com　URL https://www.jurousha.com/
郵便振替 02730-3-10602

印刷所　日本ハイコム株式会社

装幀者　薄木半紙

＊落丁・乱丁はお取り替えいたします。
＊紙での読書が難しい方やそのような方の読書をサポートしている個人・団体の方には、
必要に応じて本書のテキストデータをお送りいたしますので、発行所までご連絡ください。

ISBN978-4-909281-61-6 C0036